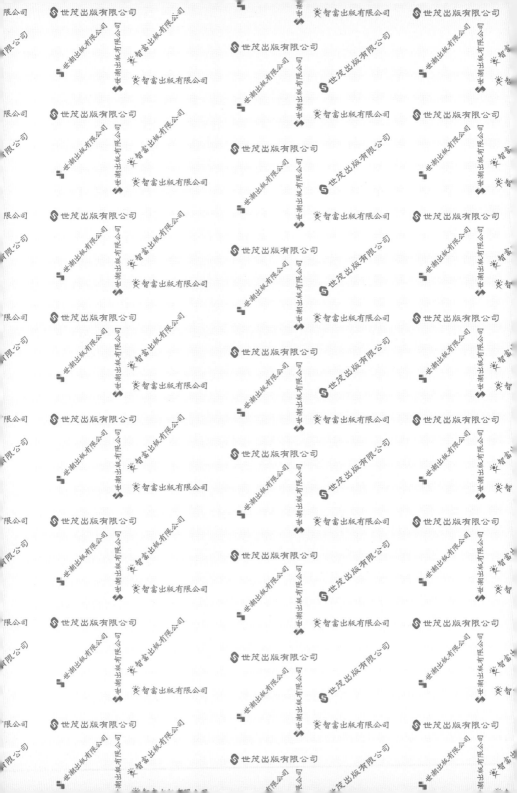

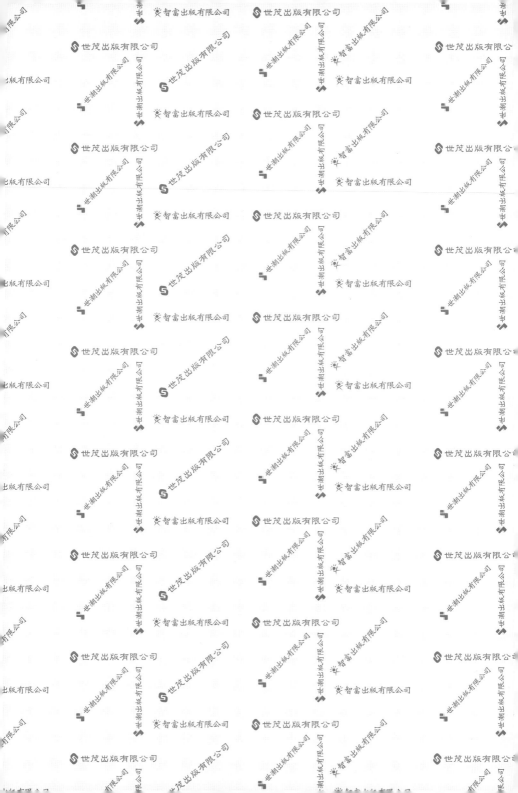

自分を守るためにちょっとだけ言い返せるようになる本 声とココロの取扱説明書

專治職場討厭鬼的

高情商拒當軟柿子！回話術

司拓也——著 楊鈺儀——譯

前言

Prologue

被人說了些什麼卻無法還嘴的人，用三種方式來守護自己的心

「以牙還牙！加倍奉還！」這是連續劇《半澤直樹》中的經典台詞。

但有多少人能做到呢？

不講理的冷酷話語、惡言或囉唆的斥責、諷刺的話語……

近來這些都被視為職權騷擾及道德騷擾，企業中為了防止這些事項發生還舉辦了研習。可是多數也都只是做做樣子。

每天是否都有人會對你說些處於職權騷擾、道德騷擾灰色地帶的話語呢？

是否有很多人都是吞忍下中燒的怒火、因為覺得難為情就拚命忍耐著不讓眼淚潰堤呢？

很抱歉自我介紹得晚了。我是聲音心理訓練師司拓也。

我透過從身處職權騷擾、道德騷擾不間斷的職場與人際關係中所獲得的經驗，以及學習心理學所得到的知識，開發了獨創的方法來應對有攻擊性的對象。我現在有在進行心理諮商、工作坊以及演講活動等，到目前為止已經幫助了超過五千人消除溝通上的煩惱。

我使用了在其中培養出來的各式技巧寫成了這本書，但這本書所要告訴大家的方法並非在口頭上與人爭勝，只是為了守護自己的心而稍微回個嘴罷了。

本書的基本戰略為如下三者。

無力化力……躲開、弱化對方的攻擊。

反擊力……回擊、還嘴對方的攻擊。

緩衝力……讓對方的攻擊根本無法傷害到自己。

在「無力化力」中，要告訴大家的內容是，受到攻擊時，可以事先做好一些準備，好盡可能減少自己內心受到的傷害，又或者說是讓傷害歸零。

要躲開、弱化對方的攻擊，就須要「備好身體架勢」「備好說話態度」。本書中會提出十五個無力化的戰略。

「反擊力」中會具體指出受到攻擊時，要用什麼話語來應戰。本書中會針對各個不同場面介紹二十種方法。

我們本來的目的並非要把對方傷得體無完膚、讓對方無言以對，而是緩和對方的攻擊性，聰明又巧妙地回嘴。

在「緩衝力」中，要告訴大家的方法是，即便受到了攻擊，也根本不會將之想成是攻擊，學會不受到傷害的心理緩衝力。

為此，我們要實際透過練習來解決兩個問題——你的心為什麼會受傷？以及該如何療癒已經受了傷的心？

同時，回嘴不僅是說出口的話，聲音以及表情等也是重要的元素。所謂的「撲克聲」就是不會讓對方察覺出你正感到不安或恐懼的發聲方式。這是以遊戲的撲克牌中經常會使用到的「撲克臉」來命名。

本書中會依序說明要學會「撲克聲」的五個步驟。

本書中所要告訴大家的全都是超實用型的解決方法，即便如今的心靈很脆弱，也能獲得渴望的未來。

只要俐落地改變「說話方式」「觀念心態」「聲音」就能感受到效果。而且在想嘗試著去做的那天起就能實際感受到效果。

若本書的內容若能成為你改變自身的契機，我將感到無比開心。

司 拓也

目錄

2nd Round

反擊力

不傷害到自己，巧妙又聰明地回應對方的攻擊

1 st Round

無力化力

受到攻擊時，

預先做好準備守護自己吧

無力化力是什麼？

幾乎來找我諮商的所有人，在受到攻擊時，不是沒有做好準備守護自己，就是雖想做準備卻不知道準備的方法。

他們沒有閃躲攻擊，也不想被動承受，但因為一直被人說嘴，就一直遭受傷害。長久以往，身心都將無法承受。

即便遭受攻擊，為了能盡量減輕自己內心受到的傷害，又或者說是讓傷害歸零，就須要事先做好準備。

這裡所說的準備，大致可分為兩種。

・躲開、弱化對方攻擊的「身體姿勢」「話語架勢」

1「身體姿勢」

「身體姿勢」指的是將對方攻擊威力減至最小限度的技巧。

即便無法阻止對方的攻擊本身，也要減弱攻擊力，以減輕傷害為目標。

至少要能避開心靈受到較大的創傷。

2「話語架勢」

「話語架勢」的技巧指的是，受到對方攻擊時，事先準備好回嘴的話語，回應能緩和那分攻擊的話語。

若一開始受到攻擊時就膽怯地什麼都說不出口，接著就會再度受到攻擊，被人窮追猛打。

只要使用預先準備好的話語，就能阻止二次攻擊。

那麼接下來就來具體看一下採用「身體姿勢」「話語架勢」這兩個概念的無力化戰略。

身體姿勢

1「動作優先」

無須練習，立即見效

第一個要推薦的無力化戰略是不要立刻回話，而是先做動作的作戰。

我將之取名為「動作優先」。

這個戰略可以輕鬆使用，而且有很好的效果。

對方對自己感到煩躁、會攻擊自己的原因，其實是因為你的「沒反應」「反應冷淡」。要說這與「憤怒的導火線」有什麼關連，那就是「悲傷」與「寂寞」。對方會在意你的沒反應，出現憤怒與攻擊等的自我表現。

請試著想一下攻擊者的童年時期吧。

他們被忽視，獨自一人地被置之不理。

「為什麼都不在意我呢？不要忽視我！多重視我一點！愛我！」

那是他們對無人諒解自己這分情緒所湧現的憤怒。

話雖這麼說，但我們對這點卻完全不知情。

面對來自對方單方面的攻擊，我們不知道該做何反應，只能一言不發地沒反應。但對方看到這情形，就會煩躁並做出攻擊。

讓我們來重新塗寫行為模式吧。

・面對可憐人時，決定好「因為無可奈何，就給出點反應吧」

決定好讓自己成為療癒他們悲傷與寂寞的存在，扮演「做出反應的角色」。

不過，要一下子就說話回應很難吧。

一開始可以只做出動作。
例如，在工作上出現某些失誤時的情況。
只要做工作，就會出現某些失誤，此時請想像有個人在絮絮叨叨地一直說著討厭的話。
這時候請比手畫腳地做出反應。
再重複一次，請想著要「給出反應」。

若有人對你說：「為什麼會犯這種粗心的錯？這是第幾次了？」
回答時聲如蚊蚋、悶悶地說「對不起」可是很ＮＧ的。

要雙手抱頭地說：「對不起！我下次會注意的。」
要用手遮住臉地說：「對不起！我之後會注意的！」
要搖著頭說：「我搞砸了！不應該是這樣的！」
要雙手握拳並顫抖著肩說：「對不起！」

我們的目的最多就是將對方的憤怒無力化，所以用演的也無妨。

或許有人會想，這麼做有效嗎？但這樣做是有效的。

對方希望的不是你用悶悶的聲音說出道歉的話，而是滿足他沉睡在憤怒之下對無反應所感受到的「悲傷」「寂寞」等情緒。

只要給出反應，對方就會感到滿足並不再攻擊。

身體姿勢

2 「控制眨眼」

防止明顯透漏出恐懼的方法

若是被攻擊方看透了自己內心有所動搖，就會持續遭受攻擊。所以重要的是要先不讓人看出你內心的動搖。

你曾經數過自己眨眼的次數嗎？一分鐘內會眨眼幾次呢？試著數一下吧。根據眨眼的次數，就能得知自己內心動搖的程度。反過來說，**只要刻意地控制眨眼次數，就能向對方隱藏起你內心有所動搖。**

日本仁愛大學人類學院心理學系的大森教授針對「眨眼」做出了如下的解說，各位可以參考看看。

・人一分鐘內平均會眨眼二十次左右（有個別差異）。

・因為緊張與興奮，無意識間會增加眨眼的次數。

此外還有如下的報告。

美國心理學家泰徹博士（J. Teicher）的研究指出，分析過去總統大選的討論後得知，敗選的候選人平均一分鐘內會眨眼約一百五十次左右，而勝選的候選人則平均眨眼九十九次。

因為候選人是處在公開討論這樣極為緊張的場面下，眨眼的次數就會變得較多。

他分析指出，眨眼次數的多寡就有選舉權的人來看會覺得與沒自信、不具信任感相關，所以或許就呈現出了這樣的結果。

眨眼次數的增加就是向外界透漏出自己正處在緊張、焦慮的不安狀態下。

稍微岔開一下話題，找工作、換工作或是在接受公司內部升遷面試時，可以留意一下自己眨眼的次數並狀似不經意地表現出自信來。

我的課程有面試的指導。

要在面試中留下好印象，有很多人都會注意要看著對方的眼睛來說話，卻沒有人會刻意控制自己的眨眼次數。

與自己能控制的視線投向處不同，眨眼是無意識中做出的動作，所以很容易顯露出自己真正的心情。

・將眨眼次數控制在一分鐘內十二次左右

若想讓自己看起來是有自信的，就試著將眨眼的次數控制在一分鐘內十二次左右吧。

此外，偶爾也試著在說話時不要眨眼。

有人丟來過分的工作時，就試著不要眨眼地跟對方說：「我做不到」「我沒有時間」「可否去拜託其他人呢」。

如果難以說出那些較強硬的話語，那就一樣不要眨眼，然後試著告訴對方：「請讓我稍微考慮一下」「請讓我想一下是否能做到」。

試著不要擺出一副會承擔一切的模樣。

與重複眨眼且充滿張惶失措感做出應答相比，此時對方將無法看穿你內心的脆弱，而且你也能表現得比從前稍微堅強些。

此時的重點並非獲得完美的勝利。

我們的目標是要表現出「我至少並非是無條件屈服、失敗的」。

首先就從微小的勝利開始吧。

3「提高鎖骨十公分」

只要提高鎖骨十公分，就不會受到攻擊

你平常是否都駝著背？或許這個姿勢就是你遭受攻擊的原因。

身心是相連的。有個簡單的實驗可以證明這件事。

請試著面無表情地稍微低下頭並垂下肩膀，然後回想一件非常有趣的事並懷著正面積極的心情。應該很難做到吧。

反過來說，請試著端正姿勢、伸直背脊，抬起臉來微笑，同時想著討厭的事。是否難以一直維持糟糕的心情呢？

我們的內心會因為姿勢而變得正面積極或負面消極。

攻擊方隨時都在尋找心態負面消極的人。

他們看到了你的姿勢，會敏銳地察覺到你是負面消極的心態，就會攻擊軟弱的你。

・如果不想被攻擊，只要提高鎖骨十公分就好

容易遭受攻擊的人在姿勢上有個特點。

那就是鎖骨。駝背狀態就是肋骨向下，重心落在後腳跟，雙肩向內縮的姿勢。

到目前為止我指導過不少人，得知了駝背的人有個特徵，那就是內心大多非常善良。可是對外卻表現得不可靠、沒自信。

即便有著能體貼他人的善良內心，卻會因為一個姿勢而收穫負評、被攻擊，**這點實在令人遺憾**。

因為擺出了不好的姿勢，對方就會覺得你看起來完全是手無寸鐵的羔羊狀態。世界上不全然都是好人，也有人會心懷惡意與你來往。會做出霸凌、職權騷擾的人雖是百分百有錯的，但擺出會吸引這些人靠近的姿勢，對你來說可是一點好處都沒有。

若一直擺出這種姿勢，內心就會認為「我已經不行了」「像我這種人根本沒有價值」，完全不會想要對對方做出任何回應。

要馬上改變心態是很困難的，可是我們能在當下改變姿勢。**只要擁有堅定的強大意志，就可以表現在姿勢上。**

想要矯正姿勢時，經常會做的就是伸直背脊。平常駝背的人若一下子就想要伸直背脊，身體會如弓般往後彎曲。因為保持將重心放在腳後跟時會往後倒，就會往前想取得平衡而重新變回駝背。

因此就以提高鎖骨的方式來進行吧。

以鎖骨為軸心來調整姿勢的好處在於，因為脊椎不會向後彎曲，就能舒緩腰背的緊張，能保持良好的姿勢。

話語架勢

4 「大小事都諮詢」

戰略性地諂媚致勝

我是那種與其去諂媚人，寧可被討厭的類型。

跟我同類型的人或許不會喜歡接下來要介紹的作戰法。

不過，若你能將這方法視作「有利戰略」，讓對方認為自己很可愛，甚至願意介紹能幫助你的人，並想著「來試著使用看看吧」，就請嘗試看看吧。

人只要不是那麼偏執、彆扭，就會希望別人認為自己是有用的、想被認可、想站上高位、希望他人帶著尊敬之心與自己相處。

會攻擊人的人也是一樣的。倒不如說，他們自卑感很強、自尊心很高，所以這樣的想法會比一般人更強。

有個方法可以躲開他們的目光，不受到猛烈的攻擊。

那就是做出能滿足他們欲望的行動。話雖這麼說，但完全不須要去討他們歡心或是說些場面話。

面對自尊心高又彆扭的人，就算想諂媚也會露餡。因此能派上用場的點子就是「大小事都諮詢作戰」。

諮詢・被諮詢的關係是被諮詢者在上、諮詢者在下。被諮詢方自己能站在比較上位的立場，比起被恭維，心情會更好。

重點只有一個。

不要只在感到困擾或發生問題時去找人諮詢，**即便是瑣碎的事或一點都沒造成你困擾的事，也可以裝出一臉焦躁的模樣**，說著「好傷腦筋、好困擾」地去找人諮詢。

他們看著這樣的你會想著：「對方是想要拜託自己才來詢問的。」並做出自己是被尊敬的、因為自己很能幹，對方才會來詢問自己的解釋。

這就是在滿足他們的自尊心與承認欲求。

「很抱歉，百忙之中打擾你！但請幫幫我！」

「我無法拜託其他人！所以請●●先生／小姐幫忙我！」

這麼對人說時，其中應該也有人會回應說：「你自己想辦法吧！」

這時候可以先說：「知道了！抱歉！我會自己想辦法！」然後離開。

我們的目標不是要解決難題。

透過多次找對方諮詢，滿足對方的自尊心與承認欲求，並帶給對方好心情，就不會被對方敵視或被排除在欺負對象之外。

面對帶給自己好心情的人，他們會希望對方能讓自己心情更好，因為有這樣的心態，他們就會停止、緩和攻擊。

因此我才會跟大家說，「這是無關緊要的諮詢」。

就他們來說，地位較低的人來找自己商量事情時，他們會想向周遭表現出親切應對的姿態。而你正製造了一個機會，讓他們可以向世間展示自己「待人很親切」。

即便對方給的建議完全沒有用也無妨，對方要自己去想辦法也無所謂，別害怕，試著去挑戰看看吧。

此外，若是獲得了建議，即便是完全派不上用場的建議，也要用能讓其他人聽見的大音量且滿臉帶笑地跟對方說：「非常謝謝你！」

這麼一來，對方就不得不繼續扮演「好人」。

也就不會來攻擊你了。

希望閱讀到這裡的各位可以理解一點，亦即這並非低三下四不得不做的「諂媚」，而是一種「戰略式諂媚」。

身體姿勢

5 「書寫板備忘錄盾」

隨身攜帶守護自身的品項吧

各位是否有過如下的經驗：向上司匯報、諮詢或聯絡時被申斥，或被說了刺耳的話，結果因為焦急而一句話都說不出來。

這時候推薦大家可以使用以下的品項。

那就是「書寫板」「紙」與「筆」。

・這些東西可作為物理上的「盾牌」，用以阻擋攻擊性的波動

在上司與你之間的書寫板是守護你避開可怕對象的心靈屏障＝心理上的盾牌。

面對對方的嚴厲話語時，就拿著書寫版去聽吧，並做出記錄下對方話語的動作。

這時候，即便對方對自己說了難聽話，**也請不要只用「耳朵」去聽。**

請用眼前的書寫板檔住那些話語並想像反彈回去。

這樣你的心情應該會緩和下來。

我以前在聽到討厭上司絮絮叨叨時，也是會集中精神洗耳恭聽。可是說到底，愈是仔細去聽那些討人厭的話，內心就愈感挫折。

透過想像用書寫板反彈回去，就能減輕不少不合理的壓力。

・盾牌的功用是讓人看見你的能力・幹勁以及認真的盾牌

書寫板的大小從B5到A4都行。

在上面夾上白紙，帶著筆去向人報告或商量吧。

無法順暢說明狀況時，可以先在紙上寫下狀況與與改善的點。

然後將上司給予的回饋意見與建議也全都記錄下來。

比起空手去報告，只是聽著上司說並不斷點頭，藉由積極地擺出「我當然是有好好記錄下來你說的話了」這樣的態度給上司看，對方的攻擊就會減弱。

如果那是失誤的聯絡或諮詢，上司就會用「不要再犯第二次囉！」這樣的氣概來對待你。

最後可以統整好記錄下的回饋意見，並確認內容是否有誤。

我自己在上班族時代向嚴厲上司報告、聯絡、商量時，也經常會活用這方法。

在工作上犯錯時，總是說著討人厭話語的上司曾對我說：「雖然犯錯不好，但是，司你在犯錯時不會逃避，會努力做筆記，給人一種不會再犯第二次的感覺。」

以前有學生問我：「是否可以使用小的記事本呢？」若是無法時常隨身攜帶書寫板，也可以在口袋中偷藏記事本，一旦覺得會受到攻

我有仔細在聽！
我全都記錄下來了！
嗯嗯，原來如此！
盾
難聽話
職權騷擾
道德騷擾

擊時，就準備好記事本。

此外，做出記錄的動作也會讓對方感到：「那是不是要把刺耳的話當作證據留存下來？」所以能抑止職權騷擾或道德騷擾。

話語架勢

6 「用眼神打招呼」

只要不被當作敵人就不會遭受攻擊

在連續劇中可以看到一種場景是，令人討厭的角色會在背地裡說人壞話：「那個人連好好打招呼都不會！」

被對方看做是敵人後，想要修正這樣的印象是很棘手的。

話說回來，各位想過打招呼的用意嗎？若只將之小瞧成是單純的禮儀，那可是會吃到苦頭的。**因為打招呼這個行為就是在認同對方的「存在與承認欲求」**。

若不打招呼，對方會感到鬱悶不快。那麼，他們為什麼會鬱悶不快呢？因為他們覺得自己的存在未受認可而感到悲傷。他們不想承認那悲傷，就將之置換成憤怒的情緒，並以刺耳的話語或過分的態度表現出來。

我們的目的是要展現出「我不是敵人」，所以打招呼是必要的。

・反正都要做，就以最棒的打招呼為目標

雖然稍微偏離了話題，但以下我要告訴各位不會製造敵人、能增加夥伴的打招呼方式。

·不會製造敵人的打招呼重點

打招呼是要在與對方碰面的一秒以內用大且清晰的聲音說出口。

用自己肚臍以下的丹田位置對著對方，看著對方的眼睛，展現出堅定的眼神。

所謂把意識放在眼神上，指的是好好看著對方左眼瞳孔中的光，然後睜大眼睛不眨眼地打招呼（參考第四十七頁的「左眼」）。

・不會製造敵人的打招呼應用篇

應用篇要介紹的是，出聲打招呼時只要再加上一句話就好。

「早安。今天也很熱呢。」

「早安。昨天你辛苦了。」

「你辛苦了。要保重身體喔！」

就像這樣，只要簡單一句話就可以了。

會攻擊人的人之中有許多都是有溝通障礙、不擅長打招呼的。就試著帶著教育的心態去應對這些人吧。

就算希望對方改變，現狀也不會變。**所以要先有自我改變的勇氣。**

以下是閒聊。我曾因為企業研修而去拜訪過一些公司。

打招呼做得很周到的公司氛圍以及沒做到的公司氛圍是完全不一樣的。

參加研修的人，其眼神也是完全不一樣的。

打招呼做得很周到的公司員工，大家都朝氣蓬勃、很積極地進行研修。

另一方面，不怎麼打招呼的公司員工，則大多是以滿滿被迫感的模樣前來研修。

正因為認可了彼此是夥伴，形成了相互尊重的風氣，才會表現在打招呼上，也表現在積極參加研修的態度上。

當然，一間公司的風氣好壞也會反應在業績上。

話語架勢

7 分別使用「三個『什麼』」

用一個詞就讓對方動搖

會攻擊你的人向你拜託了什麼或說了什麼討厭的話時，你會出現幾種反應模式呢？

我試著問了一下前來我課程的學員，有大半的人都只會出現一種反應模式。

代表性的就是「好的……我知道了」。

不論對方說了什麼，都是小聲的說聲「好」後就沉默不語。

沉默著深思該怎麼回答比較好。

所謂的附和是充分表示出意見。第一步就是讓對方知道，我有確實對你說的話做出反應，有時也會拒絕喔。

當然，若對方的期望或要求是正當且讓人想積極回應時，可以滿心歡喜地回答：「好的！」

可是，若是失禮的要求或刺耳的話語、帶著惡意的請託，就不要再只用單一模式的「好的」去應對了。因為那所表現出的意思將會是：「我會照你所說的去做」。

在此，我將要說明的方法是透過分別使用三個「什麼」讓對方無法稱心如意。

1疑問式的「什麼？」

不太清楚或無法理解對方所說的話時，可以用此進行反問。這就是一般常用的「什麼？」

像是：

「什麼？請再說一遍。」

「什麼？我沒有聽清楚。」

之類。是用以確認資訊的「什麼？」

重點在「什麼？」之後的說話音量要是自己希望的音量。

這麼一來，就能提高對方也使用配合自己音量來回話的可能性。

2驚訝式的「什麼！！」

這是用在對對方所說的話感到驚訝時使用的「什麼」。

通常是用來表現純粹的驚訝，像是朋友告訴你：「其實我要結婚了。」時，你發出了：「什麼——！！！」的情況。

在此請試著在對方跟你說：「請在一小時內完成這分文件！因為客戶在等。」等這類超出能力範圍的要求時使用。

若是回答：「好。不過我手邊還有其他工作，所以……」對方就會覺得你是優柔寡斷的傢伙，因而煩躁起來。

此時就使用包含「這種強人所難的要求一般來說是做不到的喔」，以及「現在手邊還有正在進行的工作，所以該怎麼辦呢？」這類意思的「什麼！！」來回應吧。

針對對方不合理的要求與命令，若能明確說清楚：「我做不到！」當然是最理想的，但是在這之前，**首先要能表達出既不否定也不肯定的「什麼！！」**

對對方來說，最好對付的就是不會回嘴、沒什麼反應的人。

因此對方最討厭、畏懼那種馬上就拒絕的態度。

不過，若是當機立斷地說「做不到」，很有可能引起對方反抗地回說：「你說什麼！」

因此，首先要讓對方看到的反應是「什麼！！」或是「蛤——？！」（參考第十四頁「動作優先」）

不要當下就拒絕而惹怒對方，請使用表現出無法「完全肯定」這個意思的「前提」吧。

3拒絕式的「什麼？」

最後是不滿．拒絕式的「什麼？」

要皺著眉用又小又低的聲音來說。

這時候就不要與對方對上眼。

若是對對方過度施壓，只會使他惱羞成怒。

要感覺像是在自言自語那樣。

可以展現出「為什麼要指派這樣的工作給我？」這樣的氣場。

當然，不可以每次被指派工作時都用這方法。

除此之外，關於自己該做的工作，要對人笑著說：「好的！我會努力！」並表現出承擔下來的模樣，這樣做才有效。

若非如此，就會被人看做是單純抱怨很多的討厭傢伙而降低評價。

這方法的使用時間點，是在有人對你做出不合理要求的「當下」。

到此，我已經介紹了三個「什麼」的使用法。

如此一來，大家是否明白了即便是只用一秒就能說出口的「什麼」，也能在一定程度上表達自我意見呢？

正因為是簡短的語句，才能簡單運用並感受到效果。

話語架勢 8

「提高音量回應」

只要大聲點就好

若單是大聲回應、應答就能減少令人討厭的請託事項、邀約，你會不會感到很開心？

例如在公司，有討厭的前輩來邀你「今天要不要一起去喝一杯」時，你絕不可以（嘟嘟囔囔）回答：「很抱歉……工作有點忙……」

要簡短並大聲地回答：「抱歉！我已經有約了！」

或許有不少人對大聲說話這件事有些抵觸，而且應該也有人發不出大聲音來。關於要如何發出大音量，只要使用在第三章的「簡單腹式發聲法」，很快就能學會了。

人本就是對大聲量會感到恐懼、畏怖，覺得有威嚴感的動物。任誰應該都有過因大聲量而嚇一跳的經驗。

發出大聲量就是一種武器。

・「大聲量」所帶來的效果在心理學上也獲得了證明

大聲量會表現出積極性以及安定感。

心理學家Y・蘿絲進行過一項實驗，調查根據聲音的大小，聆聽者對說話者所抱持的印象是否有不同。

用低於六十八分貝音量小聲說話會給人「靦腆又膽小」的印象。

用七十五～八十五分貝左右音量說話的人，給人「正向・爽朗・積極」的印象。

用八十六分貝以上音量大聲說話的人，給人的印象則是「過多攻擊性」。

從這項實驗結果可以得知，聲音小的人「會被認為靦腆又膽小，很吃虧」。

另一方面，**聲音夠大的人給對方的印象是正向又積極的，所以能提高對方心存好意地去聽取說話內容的可能性**。

若能大聲說話，不僅不會聽到討人厭的回應，人們還會認為自己的心靈很安定，如此一來就不會再被強勢對象拜託幫忙做事或邀約自己了。

・注意發出大音量時的表情

不過，若面無表情地發出大音量會有反效果。要避免向對方表現出露骨的敵意，否則在面對終究贏不了的對象時會有過大的風險。

重點是以倒三角形的口型發聲（參考第一六九頁的ＭＪ口型）。

請讓對方看到你的笑容，並選用不會引起風波的詞語，只要單純提高音量就好。

・發出比平常更大聲音的訣竅

若是習慣絮絮叨叨地回應，明明應該要發出大音量卻心有疑慮的人，建議可以學習第三章中介紹到的「簡單腹式發聲法」。

不過，運用以下兩個方法能更快出現效果。

1. 留意用比跟對方距離遠一倍之處都能聽到的音量發聲。

2. 不要感覺像是直朝著對方發聲，而是想像著聲音是飛越過對方頭頂來說話。

身體姿勢

9 「左眼」

不要看著對方的眉間或鼻子說話

假設有個會攻擊人的人靠近你，並想要跟你說話。

此時你可能會背脊發冷，肩頸也開始緊繃起來？擔心著：「對方是要跟我說什麼呢……？」

雖然盡可能不想與會攻擊人的人面對面說話，但有些情況是因為工作而不得不每天碰面。不得不跟那種人說話時，你都看著對方臉的哪個部分說話呢？

・不可以看著對方的眉間或鼻子說話

不論是不是和不喜歡的人說話，說話時都要看著對方的眼睛，這是基本。這時候你是不是發著呆，一臉像在看「海市蜃樓景象」的模樣看著對方呢？

你會看著對方的眉間、雙眼間、鼻子或嘴巴來講話，像是在靠感覺說話。

其實這是增長你緊張或不安的最大原因。

愈是告訴人家「我很容易緊張」「我很怕生」的人，愈是不會去看對方的眼睛說話。

應該有不少人的雙親或學校老師都有告訴過大家：「一直盯著人家的眼睛看很失禮。要適度地轉移視線。」

・愈是害怕時愈要看！

因為不看，恐懼就不會消失。尤其不看著有攻擊性的人說話時，大抵上都是在腦中回想起過去曾見過的恐怖表情或怒目而視的臉並與對方對峙著。不看著眼前的人，卻在心中描繪著過去的恐怖。

若一直保持現今這樣的看法，就無法消除緊張與恐懼。所以，**愈是恐懼時就愈要看著對方的眼睛。**

・瞬間消除恐怖的看對方眼睛法

可是，一下子就要你看著對方的眼睛，應該辦不到吧。

因此，我要告訴各位一個可以消除恐懼感，輕鬆看著對方眼睛的方法。而且這個方法會讓對方對你的印象是很光明磊落的感覺。面對光明磊落的對象，對方就難以做出攻擊。

•只要看著對方「左眼瞳孔中的光」就好

我要事先聲明，這並沒有科學根據。

這方法據說只是過去在超過五千名學生身上嘗試過並感覺有效的。那麼，為什麼是左眼而非右眼呢？

左眼與右腦＝潛意識相連結著。只要看左眼，就能連結對方的潛意識。因為能連結到深層意識的程度，只要習慣了，就能在瞬間構築起關係（親和感），**對方就不會視你為敵人**。

另一方面，右眼是與左腦＝顯意識相連結，而左腦職司邏輯與理性。因此，若是看著右眼，對方的理性就會運作。對方會開始在腦中思考著你是敵人還是夥伴？是比自己強還是弱？不知不覺中就會產生出不愉快的感覺。

只要去看對方左眼，你就能感受到「原來這樣就能好好看著對方，內心不會動搖，能有自信地與對方說話了！」

愈是可怕的對象就愈要

身體姿勢

10 「空間侵略者」作戰

不要讓對方順利進攻！

這個作戰法是入侵對方的個人空間，讓他無法順利攻擊你。

所謂的個人空間是美國心理學家羅伯特・索摩（Robert Sommer）所提倡的概念，也被稱為人際距離。這說的是**能允許對方接近自己的界限距離**。

若對方不是自己親近的人，一旦過於靠近，「必須保護自己」這個本能的感知器就會運作，並且立刻生起不愉悅的感受，這點對會攻擊你的人來說也是一樣的。

・個人空間的四種分類

美國的文化人類學者霍爾（Edward T・Hall）將個人空間（又稱為「空間行為學」）分為四類。

第一個稱為公共空間。約三・五公尺以上的距離感，使用場合是與對方為公共關係性的場所。像是在演講等說話時的距離感。

第二個是社交空間。為一・二公尺～三・五公尺。是在公司工作時的距離感。

第三個是個人空間。為四十五公分～一・二公尺。是能讀取彼此表情的距離感。是與對方伸出手就大致能觸碰到的距離感，若是關係較親近，就不會覺得討厭，但若是不親近的對象進入到這個距離感內，又或是感受到對方要進來的跡象，心理上就會開始感受到壓迫感。

第四個是私密空間。這已經是正在接觸的感覺了。這是家人或戀人等很親近的關係所能實現的距離感。在公司中是不會實現這種距離感的。

理解這些之後，此處所要使用的就是「空間侵略作戰」。**這個作戰法是擾亂攻擊方的個人空間。**

做法有兩種，希望各位能兩種都試試看。

1.緩緩靠近（先發制人就能獲勝）

這個方法是在不被對方發現的情況下進入對方在空間行為學中的社交空間與個人空間中。攻擊方因為侵入了我們的私人空間，所以才使我們陷入恐懼中。

這對攻擊方而言就是「處在行動的起始點」狀態。而我們要搶奪這個行動的起始點。

基本上，對攻擊方而言，待在社交空間與個人空間的距離感就是舒適區（感到安心的空間）。因此要在不被對方發現的情況下，主動縮短與對方的距離約十公分左右。這麼一來，對方就會同樣感受到你的私人空間被侵害時所感受到的不愉快與壓迫感。如此，對方的身心就會感受到壓力，弱化至今所發揮出的攻擊性。

各位的周遭是不是有人雖然在工作上經常失誤，但大家還是對他很親切？這些人在失敗時會叫著：「前輩！對不——起！」然後挪近身體道歉，結果就莫名讓人氣消了，你是不是也有過這樣的經驗呢？這就是相同的原理。

2.並肩而立（只要進入到個人距離，敵人就會焦慮）

這個作戰就是大膽地與對方並排而立，果敢地闖入空間行為學的個人距離中。

你是否受對方的怒氣與不愉快的氛圍所壓迫而退縮不前呢？就算沒有到退縮不前的地步，在心理上是否也有嚇了一大跳的感覺呢？

這是因為你正面承受了來自對方不愉悅的「氣」。如此一來，就正中了攻擊者的下懷。打敗他人的喜悅會讓對方得意忘形，因而採取更加激烈的攻擊。

為了不變成這樣，就要反過來主動闖入對方懷中（私人空間。此處指的是個人空間）。

雖說是懷抱，但不是指正面，而是站在對方旁邊。訣竅是，這時候可以說一句：「可以打擾你一下嗎？」並站在對方旁邊。

若從正面一口氣靠近，或許會被視為是挑釁，若是打聲招呼並站在人旁邊，就不會讓人覺得是在挑釁。

並肩而立
可以打擾你一下嗎？

緩慢靠近
部長，我失誤了，對不起～
10cm
逐步靠近

攻擊方已經習慣了擾亂我們的私人空間並單方面做出攻擊，但卻不習慣自己的私人領域被侵害。

對方會不知所措，不知道該怎麼辦才好，感到很混亂。

最終你就不會承受對方不愉悅的心情，而能打造出讓對方與自己是要解決同樣問題的夥伴立場。

即便對方是討厭的上司，也能使用這方法，而且在和總是會還嘴、聽不太進人說話的強勢下屬說話時也能使用。

或許一開始會拿不出勇氣，覺得很難做到。

但即便錯全是在自己身上的情況，也可以試著一邊說著賠罪的話語，一邊使用這方法。

話語架勢

11「裝病」

可以偶爾使用的狡猾戰略

這是指假裝生病或受傷。假裝疾病纏身的作戰就叫「裝病」。

「頭暈暈的。」

「呼吸很困難。」

「站起來時會暈眩。」

如果對方不停攻擊，就對他說這些話吧。

這樣就能中斷對方的攻擊，當場離開。

這雖是很老套的方法，卻很有效。

如果你認為使用這種卑鄙的手段是不可取的，就稍微言重了。

首先應該要注意到，到目前為止你因為受到他們的攻擊，而在身體上、精神上都產生了不小的壓力。而你只是靠著自己的毅力在忍耐而已。

我希望你能更重視自己一些。

加拿大的醫師漢斯・謝莉（Hans Selye）提出了壓力理論，他認為，不論是在心理作用還是身體的活動上，壓力都容易在脆弱的部分表現出來，並引起功能障礙。

如果在日常中有出現如下的症狀就要注意了。

□ 眼睛容易疲勞，眼睛深處也有刺痛感
□ 肩頸僵硬
□ 腰背痛，會用有點駝背的方式走路
□ 起床困難，起床後覺得不舒服
□ 頭痛或是覺得頭腦不清醒、很沉重
□ 突然站起來時會感到暈眩，有種輕飄飄踩在雲端上的感覺
□ 手腳常常異常地變冷
□ 經常覺得胃脹、會痛

□ 無法消除疲勞，很快就感到疲憊

□ 拉肚子或肚子發漲

□ 無法控制情緒，覺得焦躁或悲傷

□ 懶得與人見面

□ 不論於公於私都無法集中注意力，沒有幹勁

□ 口腔常發炎或有潰瘍

□ 感冒後沒有以前好得快

□ 半夜醒來後就難以入睡

□ 面對喜歡的食物也不太想吃

讓來找我的諮商者回答這分問卷時，我發現，凡受是到攻擊而身心俱疲的人，大多都會勾選超過十個。

身心是相互關連的。

據說適度的壓力是必須的。因為有適度的壓力才能過上充滿活力的人生。

可是惡性的壓力會讓心靈感到疲憊，引起焦慮以及憂鬱的狀態。何況若是慢性地持續承受惡性壓力，將只會摧毀你的心靈，將人生搞得一團糟，所以一定要注意。

你現今所有的症狀絕非裝病，所以可以光明正大地告訴對方你很痛苦。

裝病
不好意思……我頭暈目眩的
之後的事就拜託你了……
啊！
好……
妳保重啊……

話語架勢

12 「放低姿態說話法」

戰略性地謙遜

透過經常使用尊敬的詞語、禮貌用語，以刻意把自己所處位置降低到比對方所處位置低下，是逗樂對方自尊心並削弱其攻擊力的作戰。

有些人會有攻擊行為的原因非常單純——自尊心未獲得滿足而生氣就去攻擊人。

這時候，不論你如何告知對方自己是正確的，對方也無法平息怒火。反而你愈是有邏輯地告訴對方正確事項，就愈是在火上加油。他們會認為自己「被輕視了」「被愚弄了」而做出攻擊行為。

這類型人有很多都是工作做得不怎麼樣，只會擺高姿態罷了。

要對這些人說出自己的意見或是做出回應時，在一開頭就要設定使用讓自己立場低於對方立場的話語。

「很冒昧像我這樣的人卻提出了反論……」

「或許像我這樣的年輕人說出這種話好像很了不起似的……」

面對會若無其事做出不合理要求的人，使用這個「放低姿態說話法」會很有效。

對方不過是想滿足自己的自尊心罷了，而說這些話的目的就是為了削弱對方攻擊的力度。

對方處在激動的精神狀態下時，以中庸平和的態度去接近他們是最有效的。

除了加入開頭的那些話，最後只要再說：「很感謝您願意花時間給像我這種一無是處的人建議。」對方的心情會更好，有時說不定還真會給你一些有益的建議。

身體姿勢

13 「L位置・I位置」

讓對方認為你是老師・夥伴就不會攻擊你

與人面對面說話時會不會緊張？何況和不喜歡的人說話時，更會覺得痛苦。

有一個簡單的方法可以消除這樣不開心的感覺，那就是「設定位置關係」。

以下要來解說採取L與I兩種與對方保持距離的方式。

・L位置（諮商位置）

與對方進行溝通時的位置關係有各式各樣的種類，而與對方採九十度位置關係的就稱做「諮商位置」。

例如坐在四方形桌子說話時，以自己方向看來，就是對方坐在夾角，又或是左邊的位置。

這樣的位置能有效減輕緊張或壓力感。

就對方看來你是坐在斜角的位置，所以若是感受到緊張或壓力時，自然就會朝向正面，能避開來自對方的視線，**減輕心理上的壓迫感**。

這點對對方來說也是一樣的，所以有著能讓彼此都輕鬆的效果。

若與對方是容易緊張的關係時，在與容易變得情緒化的對方說話時，在這個位置上說話就能輕鬆建立起安心感與信賴感。

此外，為了能清楚看到對方的臉，所以須要活動頭部以朝向對方。

這樣的行為會傳送出一種訊號：「我有在好好地看著你。」這對彼此都有好處，亦即**你認可對方，對方也容易認可你**。

我還在當上班族時是隸屬於進行交涉的部門，

L位置

諮商位置

當時都會刻意採用這個諮商位置。這麼做之後我發現，比起坐在正對面與人說話，讓對方開誠布公說話的機會增多了。

此外，在向恐怖的上司或前輩報告、聯絡時，我也會避開從正對面進行報告，而是坐在九十度角的位置上。因為若是坐在正對面，無論如何都會過於在意對方在盯著自己看，表達上就會生硬又慌張。

另外還推薦一個方法。

・I位置

所謂的I位置就是與對方橫排並列、朝向同一方向的位置。

這個位置的好處是，**比起L位置能更不去在意對方的視線**。

而且坐在彼此的旁邊在備忘錄或白板用品上進行書寫，並將意識專注在備忘錄與白板上向對方報告時，能更放鬆地進行說明。

上班族K先生（四十歲）在公司擔任課長一職。因為人事異動，年紀較長的A先生（五十六歲）被調動到K先生底下成為下屬。

A先生不僅比K先生年長一輪，工作年限也較長，有著非常高超的技術，但自被排除在升職競爭後，就會反抗上司，或是不認真應對負責的業務。他這樣的態度被視為是一大問題，公司中都視他為彆扭的問題人物。

K先生對於要與A先生面談他的業績評價一事感到很頭痛。

面談中，不論怎麼責問A先生關於職守上的事他都不回一句話，讓人搞不清楚到底誰才是上司。這樣的情況一直持續著。

I 位置

於是，K先生在聽取對方說法時，採用了L位置的方法來聆聽；一起討論到關於職守以及業績的問題點，以及分享想法時則是採用I位置。

兩人一起朝向白板而坐寫出想法，就像是在一起工作般。

結果對方就變得能非常積極地進行與今後工作上成長、公司發展相關的會議了。

此前A先生一直被視為敵人，但如今卻像名出色的參謀般提出各種各樣的想法並做出行動，實在讓人大為歡喜。

話語架勢

14

「整理時間序列」

面對責問語氣時不會受傷的應對法①

「什麼？」「為什麼事情會變成這樣？給我說清楚！」

「為什麼結果會是這樣呢？」「為什麼還沒有做好呢？」

你是否有過這樣的經驗？被人用大聲量的攻擊性口吻進行「為什麼為什麼系的質問」，讓你完全無法回嘴。

如果能條理分明地說清楚當然就沒什麼問題，但大腦都還沒整理好問題就被人這樣質問，就會驚慌失措地說不出話來吧。

以下列舉出幾個教科書式的回答。

1. 結論・主張（POINT）

很抱歉開會遲到而收到了顧客的客訴。

2.原因（REASON）

電車發生了事故，本想跟對方聯絡，但公務手機沒電了。

3.具體事例（EXAMPLE）

下次我會先確認好電量才出發。

4.結論（POINT）

對方笑著回應：「那也沒辦法啊，下次注意點吧。」商業會談進行得很順利。再次對這次的失敗道歉。

像這樣的表達方式，我取其每個英文首字母，將之命名為「ＰＲＥＰ式表達法」。

可是在更錯綜複雜的事件中，若是無法立刻回答，或是沒有完整收集好資訊就進行說明，大腦就會陷入混亂，不知道該說什麼好，因而感到恐慌。

而且看到了對方煩躁不安的模樣時，就會更讓人有壓力而無法說話。

近來，「心理安全感」這句話正逐漸廣為人知。

「面對下屬、後輩、配偶與孩子時，若是用責問的口氣跟他們說：『為什麼會做出這種事？』下屬與孩子就會退縮而停手不做。這時候要像跟對方討論似的跟他們說：『下次該怎麼做才會順利呢？』才是正確做法。」

雖說有著這樣的風氣，但卻還沒有完全滲透進整個社會。

被責問「為什麼！」卻還忍耐著的那一代人，相信著那樣就能解決問題，所以偏向用那樣的詞彙。

我要來介紹一句話，可以在這種心慌的狀況下做出說明。

「我可以用時間序列來說明嗎？」

「我會用時間序列來說明。」

只要用時間序列來說，自然就會網羅進「何時、何地、誰、做了什麼、為什麼、怎麼做」這5W1H來說。

注意的要點是，若不先提示對方，就無法用時間序列開始說明。為了不讓對方跟你說：「我沒時間，所以只說重點！」在一開始就要告訴對方：「我可以用時間序列來說明嗎？」如果大腦很混亂，就告訴對方：「我現在腦中一片混亂，請讓我用時間序列來說明。」

即便如此，若對方還是說：「請說得精簡些、清楚些。」或是「我沒時間，所以說得簡短些。」你也要從「謝謝。那麼首先是昨天早上的十點左右……」開始說。

如果在時間序列中有遺漏了些什麼事，對方應該會提出疑問，像是：「那是誰？」「那之後怎麼樣了？」

只要應對這些提問，就能填缺補漏的部分。

這個方式的重點在於，面對提問的形式會從「向對方說明」轉變成是「回答疑問」。

也就是會變成讓自己容易做出說明的狀況。

話語架勢

15 「整理論點」

面對責問語氣時不會受傷的應對法②

之前已經跟大家說過了面對對方說著：「為什麼！」時可以用時間序列來說明的方法。可是有時候也會有難以用時間序列來說明的情況，或是根本沒確切掌握好狀況，所以不知道到底發生了什麼問題，也不知道該從何說起的情況。

這時候有一句話很方便好用，那就是：

「我可以梳理一下問題嗎？」

例如上司問到這些問題時：

「為什麼業績沒有提升呢？」

「為什麼沒能立刻做好呢？」

「為什麼完約率這麼低呢？」

這些情況就是無法用一句話就給出答案的情況。

我是在前一個公司成為新進職員時知道了這個做法。

我曾經的直屬上司，也就是部長問過：

「司，為什麼你要花兩星期的時間來輸入這些資料呢？」

「司，為什麼你到昨天為止都沒沒有進行那分工作呢？」

當時我很沒有自信，所以是用有氣無力的聲音回答：

「因為這個無論如何都需要兩星期的時間……」

「對不起，每次想做的時候都會有其他工作插進來……」

我在心中破口大罵著：「不要一直這麼囉囉嗦嗦的！做不到的事就是做不到啊！」

那時候，那位上司跟我說了以下這句話。

「司，不是這樣的，我並不是要責怪你喔。我是在問你：『**是否有什麼問題呢？**』」

我聽了這句話後，就能做出像以下這樣具有建設性的回答。

我：「我將輸入資料的工作委託各單位並等待回復的時間就花了一星期。之後進行輸入作業又花了一星期。」

上司：「我了解了。我會告訴各單位的組長，要他們在三天內回覆你的，這麼一來你大該需要多久時間完成工作呢？」

我：「如果是這樣，最晚要十天，如果思考一下有沒有比較好的做法，或許只要一個星期就能完成。」

自那之後，我煩惱於不知該如何回答「為什麼為什麼系列」的提問情況就減少了。

•「為什麼業績沒有提升呢？」

↓「關於業績沒有提升這一點，我會統整一下問題後再……」

•「為什麼沒有立刻著手進行呢？」

↓「對於沒有立刻著手進行這點，我會統整一下問題後再……」

「統整一下問題後再……」之後再繼續說的話終究只是辯解，但因為使用了這句話，就能表現得像是要統整好問題點，並提出解決問題的想法。

即便如此仍難以把話說出口時，你可以這麼說。

「關於業績沒有提升這點，我想統整一下問題，如果您能跟我一起思考就太好了。」

2 nd Round

反擊力

不傷害到自己

巧妙又聰明地回應對方的攻擊

什麼是反擊力？

你與攻擊你的人之間，現在的關係應該是：
「攻擊方」（霸凌方・加害者）←→「被攻擊方」（受霸凌方・被害者）。
不論學了多少回應技巧，只要這樣的關係沒有改變，你就會永無止盡地被對方攻擊。
那麼該怎麼做才能打破這樣的關係呢？

那就是改變成為：
「你是教育者」（老師・師傅）←→「對方是受教者」（學生・弟子）

透過改變關係，就能打造成不被攻擊的狀態。

・攻擊你的人的真面目是「柔弱又纖細的生物」

攻擊你的人幾乎都是從根本上就對自己沒自信，只能靠攻擊其他人才能肯定自我或認可自我的一群人。

換言之，他們外表的攻擊姿態是假模假樣，實際上是非常柔弱的生物。

若是以「把他給打得落花流水！」這樣的氣概去面對那些柔弱者所表現出來的惡意，你就會染上對方的惡意而變成同類。

我本身的類型是，一旦在心中看出自己在回應他人時產生出了些微的攻擊性就會非常厭惡自己。

各位應該是比我更討厭攻擊人、是更溫柔又誠實的人。

愈是這樣的人，察覺到想著「要回嘴」「要反擊」那瞬間在自己心中產生的攻擊性，就愈是說不出話來。

你本是溫柔又誠實的，所以對於以攻擊性做為出發點而做出行動會顯得很猶豫，進而開不了口。

・話語教育「反擊力」，讓會攻擊人的人變成無法攻擊人的人

為此，請捨去「回嘴」對方的念頭，下定決心把對方當成無行為能力、一無所知般的幼兒來教育。那個設定就是，你要教育的是一個在山中被猿猴所養育、粗俗成長的孩子，為了讓那個孩子融入人類社會，你要帶著滿滿的愛，教他是非善惡。

接下來要介紹的方法不會讓對方張口結舌，或是在你說出口的瞬間就讓對方馬上離開的強烈性話語，所以對此有所期待的人可能會有些失望。

這方法的目的也不在於盡可能與對方拉開距離、醞釀出威懾感，讓對方不會瞧不起自己。

用話語的力量來封住對方的攻擊力，讓對方在不知不覺中變成支持、幫助自己，這是我們的最終目標。

而且，提升你的工作力也是本書的目標。

工作並不像學校的考試那樣，不是要解開有答案的問題，而是要在不知道答案的情況下，尋找最合適的解方。

本書中正是針對這些不知道答案的工作上課題，指出靠自己一個人能解決問題的思考法。同時也指出，若無法靠自己一個人解決時，該怎麼使用話語來獲得他人幫助的方法。就長期性來說，請活用本書以提高自己工作上的溝通力技巧。

那麼以下就來看看具體的遣詞用字法。

1 「那是什麼意思？」

讓對方覺得你很煩人就贏了

對這種攻擊有效……「你是不是笨蛋啊？」「太沒用了」

對方攻擊了你的人格。有人就是會做出這種讓人很難過的發言呢。

若這是一間公司的風氣，是眾人心知肚明且默許的職場，有人就會使用職權騷擾、道德騷擾類的話語而令人無法抵抗。

會做出這種發言的人幾乎都沒有進行深入的思考，全憑感情說話。

因為他們自己也常被人這麼說。

自己還小的時候沒有任何能力、很是可憐，但那時，不體貼的父母或長輩卻不斷對自己說出類似的話語，而自己就在這樣的環境中長大。

自己在還是社會新鮮人第一年、什麼都搞不懂的時期，就曾遭受過嚴厲的上司這麼說自己。會進行人格攻擊的人都是這類人。

所以他們一看到做不好事的人，就會反射性地與自己重疊在一起。他們會將當時無法回嘴的怨恨，反射性地投射在眼前的你身上。只要這麼一想，可以說他們都是些可憐人，但這些事我們其實一開始並不知道，所以不須要同情他們。

因為就算承受了那樣過分的對待，大多數的人都不會想讓他人嚐到相同的苦楚並付諸行動。並非受到雙親精神上、肉體上虐待的所有人都會去虐待自己的孩子。大家應該都是在踩紅線前就打消了念頭。

不過，重症的人卻會煞車失靈。大聲地進行人格攻擊。面對這些人，我們不須要一一好好回話。

・只要笑著問：「這是什麼意思呢？」人生就會改變

面帶微笑地說：「請告訴我這是什麼意思呢？」

又或者是用低沉含威脅的聲音跟對方說：「什麼？那是什麼意思？請告訴我。」

話說回來，那本就是對方自己也沒深入思考就脫口而出的話。應該也很難立刻說明是什麼意思。

應該會做出如下的回覆吧：

「就、就是字面上的意思啊！」

「你連什麼意思都不知道嗎？」

針對這樣的回覆你也要回應：

「是的，我不清楚。請告訴我是什麼意思。」

「我不知道意思，所以可以告訴我嗎？」

寫下筆記，緊咬對方。

這個作戰推薦在每次碰到嚴厲的謾罵時使用。因為每次都用這方法，對方就會認為你是那種只要被罵就會出現煩人舉動的人。

我們並非是要「回嘴」，我們只是在「教育」他們。若對方破口大罵，就會產生出麻煩的結果，我們只是在進行這樣的教育。教育須要花時間，但多少會發生些變化。

要對他們回嘴需要相當大的勇氣。

你自己若是日常就會對他人回嘴那又另當別論，但若一般都是罵不還口的人要突然回嘴時，單發聲就有難度。

會因為恐懼與緊張而發不出聲音來。

為此我將在第三章中教各位發撲克聲這種聲音的方法。

請試著學會、使用在感受到恐懼與不安時，也能確實發出聲音的方法。

2 「若站在我的立場你會怎麼做呢？」

擋下離譜的要求

對這種攻擊有效……「明天前要完成（看起來絕對做不到的工作）」「這打個八折吧」

面對離譜過分的要求，就推薦使用「讓對方站在自己的立場試試」這個作戰。

有人向自己提出離譜的要求或委託時，該如何拒絕是一項頗為困難的主題。例如以下像是討厭的上司、前輩或是其他客戶向你提出無理的委託或要求等例子。

・上司要你在明天前完成看起來怎樣都不可能一個人做到的事務處理。
・客戶強迫你要給出半價以下的離譜折扣。

不論怎麼想都是很離譜的委託或要求時，若是笨拙地道歉：「很抱歉，我做不到」「對不起，那是不可能的」將會激起對方的怒火。

也有人是明知對方辦不到還故意提出離譜的要求，然後在背後訕笑對方的。若是應對得不好，就會讓對方得意忘形，有可能多次提出同樣的要求。

這時候**有個戰略很有效，就是讓對方想像他與你的處境對調**。

「如果你是站在我的立場會怎麼做？」

「如果你是站在我的立場會採取怎樣的應對方式？」

試著以這樣的說詞為主軸來組織句子、遣詞用字吧。

「如果是課長站在我的立場接到了委託時會怎麼做呢？」

「我已經了解了您希望獲得的折扣，但反過來說，若敝社也向客戶您提出相同的請託，您會接受嗎？」

這是在暗暗地詢問對方：「你是在說些很離譜的話呢。若是你自己也站在與我相同立場，能做得到嗎？」

這時不須要一臉嚴肅地跟對方說。請試著面帶微笑、以輕柔的聲音與「你是在說笑嗎？」的語氣來告知對方。

這個技巧在心理學中也證明了有效。

在美國大學的心理學實驗中進行了一種叫做類比談判的實驗。

這是針對請託人以及不去請託人「拜託，希望你能站在我的立場替我想一下」時，實驗能獲得多少的幫助。

拜託對方站在我們的立場替自己想時會獲得五十八%的幫助。

與之相對，沒有去拜託人時則只會獲得二十五%的幫助。

提出「試著站在我的立場！」時，能獲得對方協助的反應超過了兩倍。

不過，這當然只是在心理學實驗室中所進行的實驗，現實中不一定會完全成功。可是與其吞吞吐吐地說著：「這個、說的也是呢……明天前可能……有、有點困難呢」，推薦可以試著使用這樣的說法！

因為不論如何想方設法，做不到的事就是做不到。

而且對方也極有可能只是為了想讓你困擾才那麼說，所以認真煩惱是很浪費時間的。

‧為什麼討厭的傢伙會提出離譜的要求呢？

那是因為對方不曾將同一件事想像成是自己會碰到的事。當然，其中或許也有人會說：

「為什麼我非得要去想這些不可？」

「啊！要是有人對我們做出相同折扣的要求，我們可是會欣然接受喔。」

這時候你可以再次說到：「不，首先即便只有一次也好，希望你試著想一下如果是自己會怎麼做。」

「我知道這樣問有些失禮，但請問課長若是面對同樣的狀況會怎麼應對呢？」

「真的會給我們打折吧？如果真的可以，那明天我可以去向貴社的上級確認吧？」

試著重複說這些話吧。

在你重複了幾次後，或許對方就會放棄地說：「算了，不用了。」

或許會語帶威脅地說：「不要再給我囉囉唆唆的！」然後離去。

或許會改變態度地說：「你不懂這玩笑啊。我開玩笑的啦！」

會提出離譜要求的人應該本身就不是會反省地想著：「自己說出了離譜的話呢。」所以應該很難要求他們反省甚至改正，但我們可以讓對方腦中留下**「要是提出了輕率的委託或要求，就會陷入這樣麻煩的狀況中」**這樣的記憶。

請將這些當成守護自己的用語，要能習慣說出口。

3 「正是在努力的時候」

被人指責性格或無法立刻改變的事項時

對這種攻擊有效……「最好還是改一下個性吧」「最好還是改一下那種態度喔」「你是不是有點散漫？」

會讓我們想著「什麼？」的時候，大多都是被人指責著無法在當下立刻做出任何應對的時候吧。

各位是不是曾想過：「你突然跟我這樣說我也改不了啊！」面對那些說法時，就使用展現出「正在進化中」的說詞吧。

「正是在努力的時候。」

「正在改善中。」

「這是進化的過程。」

話說回來，根本也沒有人是完美的，所以就展現出「雖然現在做不到，但正在積極進化中」的態度吧。

這樣應對回答的好處是能傳送給對方多個訊息，例如：

「我有老實地聽取你的忠告了。」

「我正在努力改善那個缺點及弱點喔。」

「謝謝你總是那麼關心我——」

怎麼接受那些話語的意思取決於對方，但至少你有送出了最低限度的訊息：「我對你說的話是處之泰然的唷」。

‧面對多管閒事型的人也能用

或許各位也曾碰過真的很令人討厭的傢伙對自己說出令人討厭或刺耳的話，但除此之外應該也有那種好操心、多管閒事型的人會跟你說那些話。

例如會讓你想大喊：「你是我媽嗎！」這類型的人。

這些人不論面對誰，都會毫不客氣地將想說的話一股腦兒的往外說。雖沒有惡意且是在表現一種親近感，但有時也會讓人覺得有些累吧。

這時候有個方便的句子可以派上用場。

訣竅就是用在第三章中會介紹到的「ＭＪ型」口型，帶著微笑去說，這樣就能演出很能經受打擊的性格或是沉著從容的態度。

此外，若是用堅毅的態度且不帶笑的ＮＨＫ口型來回應對方，就能帶給對方壓迫感。

4 「非常感謝！」

努力被否定時能讓人積極向前的話語

對這種攻擊有效……「像那種內容的企畫書還真能通過評比啊」「為什麼只有這種程度還那麼趾高氣昂的，真是不可思議耶」

有些人就是會一派天真無邪的模樣去否定別人的努力、奮鬥。

明明就不知道我們有多努力才完成了那些事，卻無所謂地說出那些話。真的很令人生氣。愈是煩惱著對自己沒自信、在意別人目光的人，愈是會聽進這些無心之言，而且大多都會因此感到沮喪、受傷。

話說回來，說這些話的人分明跟自己沒有很深切的關係，卻裝腔作勢地擺出評論家的樣子說出那些話，這時就可以用一句話回應他們。

「非常感謝！」「謝謝！」「我可以謝謝你吧？」

「謝謝你給了我寶貴的意見。」「都是託你的福。」

話說回來，我們本就不須要認真回應這些隨意說話的人。只要說一句話後離開即可。

對方最不期望看到的就是你只說一句話就快速離去。

因為對方正等著你說以下這些話：

「不是啦，我自己也是想努力的」「我已經盡了最大的努力了」「是有什麼地方不行嗎」

然後他們一定會說：「所以才說你雖然想努力卻做不出什麼好結果來啊！」

對你進行更進一步的攻擊。

而且面帶微笑地開朗跟他們說「謝謝」是最有效的。

你面帶微笑地那樣說，就能有效讓對方心情低落。

這時候，也要用明快的聲調說話。

或許也有人會因為自己的心情沮喪而無法用爽朗的聲音說出那些話。

這時候不要用清晰的聲音去說，請試著用稍微接近歌聲的聲音去說。

建議可以使用在第三章會介紹到的「喵喵喵發聲法」。請試著用假聲模仿「喵」的貓叫聲。試著用那樣的口型發出聲音，接著自然地就會發出明快的聲音了。

能補強說話內容的就是聲音的力道，而能打造出音色的就是表情。

只要透過那樣的聲音與表情來說出「非常感謝」，對方就會深切知道自己發出的攻擊是很無力的。

5 「我可以叫你師父嗎？」

滿足對方的認可欲求並理解他們

對這種攻擊有效……「如果是我就不會用那種做法啦」「那樣的做法是不是有點落伍了？」「你連這種事都不知道嗎？」「是不是你不夠努力？」

會說出這種攻擊性話語的人可以分為三種類型。

①對自己的工作很有自信，想表現出自己很有能力，屬於認可欲求的「誇我誇我型」。

②若是坦率且親切地教人就好，但因為有溝通障礙，所以只會做出笨拙的親切表現，屬於「匠人氣質型」。

③工作明明也做不好卻還要多嘴多舌，真正的「討人厭型」。

如果能知道對方是①～③哪種類型的，在面對那令人惱怒的一句話時，就能視與對方的關係來決定回應的說詞。

①類型的人會希望自己很有能力，並獲得認可。

（想像）說不定這類型人很可憐，雖然努力工作了，卻總是難以獲得上司的認可；又或者是平常就沒有獲得妻子或丈夫認可自己的努力。

說話的方式總之就是認可其有能力這件事。

成為理解他的人。

「我可以叫你師父嗎？」這句話既不令人討厭也沒什麼其他的意思，就帶著「身為理解者，你的努力我最清楚了喔」這樣的想法去跟對方說話吧。

只要使用這句話，愈是努力做工作卻未受認可的人，愈是會滿臉通紅地回應你：「你嘴巴真甜呢！」或是「你還真會說些花言巧語呢」。

即便如此，只要用真摯的語氣說：「請教我！」對方應該就會成為你的友軍輔助你。

②類型的是要做好工作才有生存價值，所以就算稱對方為「師父」，對方也不會有什麼反應吧。

此時可以跟對方說一句話：「這讓我受教良多，請教我。」

同時別忘了要拿著備忘錄去聽對方說話。

認真在做工作的這類型不會糊弄你，會給出有用的建議。

只要對方知道了你不是只會耍嘴皮子的人，他們嚴厲的口吻也會變成溫柔的語氣。

面對③類型這種棘手對象就改變作戰吧。

在「這會讓我受教良多，請教我」這句話之後，**建議可以試著問對方具體的數值**，例如「若是採用這個做法，銷售額可以增加到約幾倍呢（可以削減掉幾%的經費呢）？」等。

如果對方是像①②那樣認真面對工作的類型，在這部分就會流暢地報出具體數字。

可是如果單純只是討厭的傢伙，在這部分就會嘟嘟囔囔地含糊其詞，把話說得不清不楚，像是：「這種事根本不重要，總之給我快點去做！」

要想分辨出對方是不是真的高手，只要用數字說話就能判別了。

反過來說，若想被認可為有貨真價實的能力，只要用數字說話，就能減少對方多嘴的雜音來擾亂自己的情況。

6 「也是有那種想法（看法）呢」

對什麼都要做決定的人使用

對這種攻擊有效……「你一定要用這種做法」「為什麼不那麼做呢」「要是再這樣下去就會失敗囉」

有人就是會很執著於自己的做法而無法彈性思考。

面對這類人，不論如何主張自己的做法才是正確的，他們也聽不進去。

碰上這類人時，只要回他們一句：

「也是有那種想法（看法）的呢」「的確是會變成那樣的呢」

就能不讓人生氣地圓融帶過。

・應用

追加一句「我會參考的」。

不過，若是非得一直維持原樣地繼續該做法且會形成壓力時，就試著用改變對方想法的說話方式吧。

「如果有不一樣的方法，請問●●先生／小姐會在什麼時候有想過要試一下與現在不同的做法呢？」

這裡請注意，你並沒有說出：「有不同的做法。要不要試試看？」這點。話說回來，面對否定不同做法的人，即便問他要不要嘗試看看不同的做法，他們也只會一口拒絕「我不做」。

使用「如果～」這樣的假設語句，再加上「有想過要試一下不一樣的方法」這樣的句子，就是能減弱對方抗拒的問法。

這樣的問法其實是個很巧妙的詭計。

現今的提問就是在尋找「對對方來說是動機的契機」。

首先是特定出對方重視些什麼。

針對這個問題，若對方回答：「如果公司的營利有上漲又或是成本有大幅降低，或許可以改變一下做法。」那麼我們就會知道，對方現今重視的就是「營利上漲」「成本降低」。

其次，進行會引出對方幹勁源頭的提問。

「有個方法預期能提升銷售達現今的一・五倍或是兩倍。又或者是有個方法能降低成本到一半，你會想聽聽看嗎？」

如果被人問道：「有個方法能讓你最重視的事物狀態變好，你要聽聽看嗎？」一般人通常都會說「想聽」。

在心理學的用語中有個詞語是「一致性原則」。這種心理是人會想要讓自身的行動、發言、態度、信念有一致性，這就被稱做「一致性原則」。

一旦對方回答「要是能提升銷量、縮減經費，應該改一下做法也可以」，當下又聽你說「有個方法可以做到這點」時，**之後的回應若是與自己說出的回答自相矛盾，在心理上就會覺得很彆扭。**

所以對方一定會回覆你「我想聽聽看」。

或許要摧毀對方頑固的價值觀不是那麼容易，而這個技巧就是先讓對方聽你說，這樣就很有幫助了。

這是個使用幅度很廣的技巧，可以用來說服難以改變自己意見的上司、前輩、部下等人，或用在銷售上，請務必要記住。

7 「完全沒問題」

要是被人騎到頭上了，這也是一個選項

對這種攻擊有效……「你才高中畢業，不覺得不好意思嗎？」「雙親都不在了，真是遺憾啊」「做出那樣的成績還真是可憐呢」

有些人就是會讓你想對他說出：「對於我無法改變的過去，這樣說很有趣嗎！」

我在找工作時也曾經被人資單位的人說過：「我們公司是不太接受在〇〇（當時最受歡迎的流通企業）最終面試落榜的人呢。大家都是國立菁英，是不會接受像你這樣的喔。不會覺得不好意思嗎？」

是想進行壓力面試嗎？我不清楚實情究竟為何。

面對提出往事，還擺出一副「你沒有要反駁的吧」的表情威嚇著自己的人，你應該感到很束手無策吧。

・只要瓦解對方騎到你頭上的行動模式就好

這些人的心願只有一個，就是想要炫耀。

「炫耀」「騎到人頭上」是一種想要展現自己地位在對方之上，是處在優位的行為。可說是一種透過自己的地位、學歷、擁有的東西等來貶低人的行為。

「騎到頭上」本是用來表現動物行為的用語，後來也使用在人們相互的溝通上。

這時候我們不須要以反騎到對方頭上為目標。

騎到人頭上的行為是成立在如下的模式上。

① 攻擊者想要做出壓對方頭的言行舉止。

② 對方感到怯懦、沮喪。

③ 成功騎到對方頭上。

要破壞這構圖，只要顛覆②的前提（怯懦、沮喪）就好。

就用「完全沒問題」「沒關係的」「我沒有問題」「所以說，那是指什麼呢？」這些話來回應對方吧。

騎到人頭上的人就會覺得很掃興了。

・為什麼對方無法停止騎到他人頭上呢？

大家都知道，騎到他人頭上的行為很討人厭，但是為什麼這樣的行為不會消失呢？

因為想要騎到他人頭上的人心中有兩種心理狀態在作用，亦即「自卑感」「快感」。

・討厭被人看不起！

・要是處在比人低下的地位，不知道別人會怎麼對待自己！

自卑感強的人是活在以上的恐懼感，以及只要身處上位就能感到安心的優越安心感中。

一個人在騎到他人頭上時就是在滿足自己的認可欲求。

只要滿足了自己的認可欲求，大腦中就會釋放出多巴胺這個神經傳導物質，讓人感到很愉快。而多巴胺據說就是大腦內的興奮劑。

因此這類人就停不下來去騎到他人頭上的舉動。

有些話可以讓他們心懷自卑、消除他們的快感，那就是：

「完全沒問題」「沒關係的」「我沒有問題」「所以說，那是指什麼呢？」

從頭到尾都用以下的態度去面對對方吧：「雖然我並沒有你辛苦獲得的東西，但我仍十分幸福，一點問題都沒有。沒關係的。話說回來，你說的是什麼意思呢？」

若以柔順的表情、沉穩的口氣說話，對方就會退縮。

這群人就是只有在騎到他人頭上以滿足認可欲求時才會對自己有信心。

「是的。無所謂。我不會覺得不好意思。不過我雖然知道貴公司這裡聚集了在〇〇最終面試中落選的人，但卻不知道為什麼貴社無法成為業界第一呢？」

因為對對方那種騎到人頭上的態度感到生氣，同時也因為我處在找工作的超級冰河時期以及覺得自己很不中用，在歷經了將近三百間公司的面試連戰連敗後，想著：「算了，怎樣都無所謂了！」就說出了心中想說的話。

我當時心想，會說出那種話的公司，就算面試沒上也無所謂。

「不是……那個……我們也是很努力的……是很拚的……」

我至今都還清楚記得當時人資嚇得語無倫次的臉。

或許是被人認為我很有意思，所以我通過了那間公司的面試（雖然後來因為發生了一些事情而沒去……）。

8 「是這樣啊（嗎）」

最適合用來應對他人的破口大罵

對這種攻擊有效……「這是常識吧」「你是笨蛋嗎？」「這任誰都做得到吧」

有些人會認為自己的價值觀就是世界上最正確的，有時我們會聽到這類人發出令人難以置信的言論。

面對這種以自己標準在瞧不起人的人，用以下這些話就能完全不累積壓力的帶過。

・「這是常識吧」

↓「就是說啊。這是常識呢。真・不・愧・是・你！」

・「你是笨蛋嗎？」

↓「是的，就是這樣呢。我是笨蛋。」

・「這任誰都做得到吧」

↓「的確是任誰都做得到呢。你真能幹。真・不・愧・是・你！」

此處的重點是，以成熟的態度展現出「給予」感地與對方說話。
嬰兒只會以自己的標準來生活。那些人就跟肚子餓了、覺得寂寞了就用大哭來表現的嬰兒一樣。

不要希望他們能一一理解你所說的話。

有次，我在經過一個健身俱樂部時，聽到一對老夫妻做出了以下應答的對話。
男性在教一位看似他妻子的女性該怎麼使用肌力訓練的機器。
男性（夫）：「妳連這點都不知道嗎？（關於肌肉的淵博知識）是常識啊」「肌肉……（淵博的知識）……這點所有人都知道喔。」
女性（妻子）：「是嗎？是常識呢！」「是、是，我真笨呢。要好好教我喔。」
這樣的回應絕不是在把對方當笨蛋，而是像面對對方說「早安」我們就回以「早安」、對方說「你辛苦了」我們就回以「你辛苦了」這樣，完全就是在回覆對方的寒暄而已。
像這樣輕鬆帶過後，男性也就沒再說什麼了。

雖然先生的口氣很糟，但因為有了這樣的妻子，兩人才能和諧相處吧。我不禁如此感嘆地想著。

此外我認為在現在的日本公司中還有很多地方留有家族式氛圍的風氣。面對還留有幼童習性的人，就做出沉穩的應對吧。

9 「接下來正要努力」

用來回應關於結婚、孩子等敏感話題

對這種攻擊有效……「你還沒結婚嗎？」「你還沒生小孩嗎？」「你還沒有男朋友（女朋友）嗎？」

總之要回答關於生孩子、結婚、男女朋友的話題真的很煩人呢。

最近，一般人面對這些敏感問題時，似乎變得有所節制不會去多問。

但話雖這麼說，愈是不體貼的人愈是會幼稚地問這些問題。

這時，比起回應的內容，表情與聲音是更重要。就用第三章中的ＭＪ型口型來回應吧。

「接下來正要努力。」

「我正看向光明的未來。」

正因為是敏感的話題，才要選擇明快的回應。

・讓自己不被對方的言行舉止牽著鼻子走

若對旁人說的話湧現出討厭的情緒並受此影響，不禁就會用厭惡的表情與聲音來回應。可是本書的目的正是讓各位不受到傷害，讓各位不受到對方言行舉止的牽動。

面對令人討厭的情緒，若直接以湧起的不愉快情緒去回應對方，就正中了對方的下懷。最後就是容許自己被人耍得團團轉。

請試著面帶微笑做出耐人尋味的回應：「我現在每天都過得很充實，而且也已經做好了準備要迎接更光明的未來。」

・你才是自己情緒的主人

此時應該有人會隱瞞情緒裝出一副笑臉來吧。可是這時候不要隱瞞情緒。

為了能自主選擇自己的情緒，就要靠自我的意志力做到面帶微笑、用明快的聲音回應。要明確知道，此時，你並沒有被對方所控制。

沒有被控制的自己是成功者。

你是能掌握自己人生船舵的自立者，希望大家都能擁有像這樣的自尊。

10「要怎麼做才能做得好呢？」

消除失敗習性的魔法話語

對這種攻擊有效……「你都已經失敗過幾次了啊？」「同一件事你要我說幾次？」

若被人這麼說，大腦應該會陷入恐慌、焦慮，反而更是什麼都做不到了吧。大家是否有過這樣的經驗呢？

我也曾經被這麼說過。在打工的地方、職場或要學習新事物的各種地方，被雙親、學校老師、社團活動的前輩或教練這麼說過。

我不擅長快速掌握訣竅。如果沒有比別人多練習三～五倍左右，就追不上一般人。因此，我覺得只要聽一次就能做到的人真的很厲害。

如果真是因為自己的練習不夠或準備不足而失敗，就別說些奇怪的回應，而是坦率地道歉：「不好意思」「真的很對不起」。

不過，也有人是在你明明頭一次接觸到工作，仍兀自搞不清楚狀況時，就馬上嘮嘮叨叨地攻擊你做不好。

這類人就是會將做不好事情而焦慮的人更逼入窘境，讓對方更為焦慮、失敗。

這時候，以下這些話就可以派上用場。

「要做些什麼才能做到像那樣好呢？」

「該怎麼做才能像●●先生／小姐一樣能幹呢？」

或許有人會覺得這方式像在討好諂媚，但實際上我稱這樣的技巧為「微諂媚」。

這並非只是唯唯諾諾地討好，而是有戰略性的討好。這就是「微諂媚」。

認真的人有極度害怕失敗或要重做的傾向。

那會讓他們感覺到很羞愧，而且像是在給對方與周遭添麻煩，不斷地增加擔心的種子。

・只要以自然的態度去面對就會順利

對任何事都過分認真而進行得不順利的人有個特徵。

那就是在初次見面時，或是在面對須要慎重以對的工作時，肌肉無論如何都會變得僵硬、呼吸變淺，或是呼吸會暫停，只要一變成這樣，就是**身體過度緊張了**。

也就是說，態度不再自然。

呼吸若淺，就無法確實吸進氧氣，血液就不會回流到腦部，因而使大腦缺氧，降低表現。

因此就會重複相同的失敗。

而若有人責備這樣的自己，我們也會自責地認為自己「很遲鈍」「不懂掌握要領」，因而喪失自信。

面對第一次嘗試的事情，若能輕鬆進行是最好的，但做不到的人，**就乾脆放棄「一次就要做到好」的想法吧**。

這樣會輕鬆許多。

這就是擁有自然態度的第一步。

放輕鬆重複多次後，思考就能切換成是「一切都會順利」。

・若能預測到會被人說什麼難聽話，傷害就會減半

像是「到底要做幾次才會成功？」或是「要我說幾次呢？」這類說法，早在之前就先做好心理準備就是會被人這樣說吧。

突如其來的打擊雖會令人受傷，但若能事先預測，受到的打擊會比遭受突襲時來得小。

而若真有人這麼說時，就試試之前提過的回應法。

「要做些什麼才能做得像那樣好呢？」

「該怎麼做才能像●●小姐／先生一樣能幹呢？」

其實會脫口說出討人厭話語的人，自己對那件事也是拚了命的努力，卻因為失敗而嚐盡了苦頭。

所以看到做不好的人就會想起當時做不到的自己，不禁就會說出令人厭惡的話語：「我都那麼努力了，為什麼你不努力？為什麼不像從前的我一樣？」

如果上司或前輩們都覺得那樣很辛苦，並有心不要讓後輩們那麼辛苦，後輩就不會吃那種苦了。

•利用話語的力量療癒對方的過去

正因如此，「該怎麼做才能像前輩那樣能幹呢？」這樣的提問很有效。就他們看來，心情上會覺得過去自己受的傷受到了慰勞、獲得了療癒。這麼一來，有時他們會很出人意料之外地親切教你。

或許他們也會對你說：「這種事要自己去想啊！」但我們可以先說：「好的，我知道了！」然後去嘗試看看，若又失敗了，就問對方：「不行啊。該怎麼做才能像前輩那樣能幹呢？」試著重複這樣的過程後，對方就會說著：「真拿你沒辦法啊。」並教你訣竅了。

做為應用篇，也可以一開始就試著使用以下介紹的說法。

「請看看！下次一定會成功的！」

「您要是不跟我多說幾次，我是搞不懂的。」

「聽您這麼說了之後，讓我打起了精神！」

對方很有可能會認定你意外的是很有毅力的傢伙，能經受得起挫折，就不會再繼續窮追猛打下去了。

11「麻煩您再說一次」

讓對方膽怯的最強話語

面對慣於做出討人厭行為或攻擊的對象時使用，能讓對方膽怯的詞語①

以下要介紹的話語對令人感到不快的言行都有效。

使用這句話的目的就在於削弱攻擊者的攻擊力。

能避免完全被逼入窘境的最惡劣事態。

是做為立刻就能脫口而出話語優先度等級A的說詞。

我在國中二年級放學時曾被人勒索過。

兩名男性圍堵在我前方，並大聲叫囂：「把錢拿出來！」

當時我很害怕，什麼話都說不出口，只能保持沉默，結果其中一人又重複了一次：「把錢拿出來！」

我想著「得說些什麼」，於是便脫口而出：「為什麼？你再說一次。」

結果兩個人的態度就大為轉變，丟下一句：「搞什麼啊，你給我記住。」然後離開了。

此外，成為社會人士後，我在保險公司工作時，曾做為加害者的代理人去與被害者進行談判交涉。

我經常會被人大吼著：「你現在就給我進去事務所裡做[redacted]！（不堪入耳的話）你給我做好覺悟！」

面對這類人時，上司教我可以回一句話：「請將剛才說的話再說一遍。」同時回覆說：「我會好好記錄下來的唷。」

此時對方的態度就會一變為：「不須要到做筆、筆記的地步吧！不過是在開玩笑而已，開玩笑。」

・暗地裡傳送出「我不會接受你的要求唷」這樣的訊息

「再說一遍試試」這句話，就是在表示「我無意將你說的話照單全收喔」這類強烈拒絕的意思，同時也是在表示「你那種不堪入耳的話是入不了我耳朵的」這個意思。

我們不須要做出具體的反駁，只要「告訴對方再說一次」就夠了。

你覺得攻擊者最喜歡什麼呢？

那就是毫無反駁、坦率地回應他們的要求。

看到無法反駁、怯懦的人時，人們會想要確認自己是處於優勢地位，想要消除自己所有的壓力。

因此就會提出無理過分的要求或威脅。

為了不被捲入這類人的步調中，在面對無法退讓的要求時，建議可以使用上述的那句話。

當然，若是遇到了攸關性命的脅迫等情況，不要猶豫，請去報警或找律師諮商。

12 「接下來會進入騷擾的範圍囉」～最糟糕的預告～

面對慣於做出討人厭行為或攻擊的對象時使用，能讓對方膽怯的詞語②

至今，職權・道德騷擾這類說法已經廣為人知，但前來找我諮商的人之中，仍有許多人的前輩或上司會對他們說：「你連這種事都不知道嗎？你是笨蛋嗎？」

因為自己的學習不足、因為自己不夠努力就忍耐著，導致內心受挫、感到悔恨。

像這種情況，即便拿出勇氣回覆對方：「笨蛋是什麼意思？」也只會遭受反擊：「你要是不更多學習些，就只會對客戶失禮吧。」

可是，每次只要稍微犯點錯，有些人就會口出一連串帶著壓迫性的瞧不起人話語，面對這類人，就要好好地跟他們說上述那句話一次。

對對方來說，這等於是在給他們做最糟糕狀況的預告。

我稱此為「最糟預告」。

「接下來我會將您的發言視作道德騷擾。」

「接下來若您還再繼續說我是笨蛋，我就會認定那是職權騷擾，這樣也無所謂嗎？」

另外還有一個技巧可以讓對方陷入恐慌。

・面帶笑容地演出恐懼

這指的是帶著笑容跟對方說話。

面帶笑容說著嚴肅的內容，會帶給對方雙重的恐懼與壓迫感。

外遇被發現的丈夫因想著會被盛怒的太太責備而擔驚受怕時，太太卻笑容滿面地這麼說。

「我沒有生氣喔。」（面帶微笑）

此時先生是不是會覺得：「太太好可怕」呢？

因為是以能夠接受一切的笑容，說著「接下來會發生對你來說最糟糕的事態喔」這種意思的話。

對方就會不安地想著：「你是認真的？還是在開玩笑？」

這種手法在心理學中被稱為「雙重束縛」。

帶著笑容跟對方說話時，就用我們在第三章中要告訴大家的ＭＪ型口型來說話吧。

13「反駁提問」

對方說錯話時聰明反駁的技術

各位是否曾經有「不論怎麼想，那個人都錯了！」而想要反駁的時候？可是對方完全不聽你說話，甚至還提高音量以正當化自己的言行。面對這類人時，提出「意見」或「反駁」都是沒用的，所以放棄吧。因為他們認為「聽取他人意見＝輸了」，所以死都不會接受其他人論點。

自我肯定感低的人最討厭別人給他意見。接受他人的意見是種恥辱。對他們來說，「恥辱」＝「死」。

有句俗話說：「問是一時之恥，不問是一生之恥」，但就他們的情況來說卻是：「問是一生之恥，接受就是靈魂死亡」。

・不會傷人自尊的「和緩提問法」

這時候，不可以跟他們提出「意見」「反駁」，而是要試著對他們「提問」。

可以假裝成什麼都不懂的門外漢，用以下的方式去提問：「我已經了解您所說的了。真不愧是您！但是不好意思，我不是想要反對，只是我有些不太理解，所以可以提出一、兩個問題嗎？」

即便我們非常了解那分工作該怎麼做，而對方則是個門外漢，也同樣要演出自己是個門外漢的樣子，這就是訣竅。

「碰到這種情況的時候，雖然會覺得應該不會出錯，但還是會過於擔心地想著：『真的沒問題嗎』～」

「真的沒問題嗎～我擔心過頭了吧～」

語尾「～」的和緩態度最重要。請以閒適又柔軟的口氣提問吧。

畢竟我們的目的不是回嘴得讓對方無言以對。

不要製造敵人也是目的之一，但最終的目的還是在於能完成工作，不要停滯、不要失敗，所以若是執著於在口頭上爭輸贏，你就是在拉低自己的價值。

請停止浪費精力在那些與之抗爭也無用的傢伙身上，盡快讓自己獲得好評並站得比那種傢伙更高吧。

・說話方式的重點就是柔軟

「……這樣真的沒問題吧！」不可以用這樣強烈的語氣跟對方說話。要用柔軟的口吻來跟對方說。

當然，面對能信賴的人時是可以確實清楚表達自己的意見，而且應該會獲得不錯的回答。可是這樣的方法對那些人行不通。若他們回答不出來，反而會認為「你是在讓我丟臉嗎！」而將你視為眼中釘。這麼一來反而會徒增麻煩。

請試著使用如下的說話方式吧。

「聽了您說的話後，對於●我突然覺得應該也有▲……」

「整體來說，內容很棒呢！真不愧是您！但是在預算部分，這樣沒有問題吧～。突然就想問問看。」

重點是假裝成門外漢的模樣、假裝成很偶然的樣子。

可是有時也有能預測出接下來發展情況的時候，例如就這樣下去很明顯會造成損失，或是會有客訴等。

這時候可以進行兩種作戰。

第一個是用**郵件告知**。就是在之後若有發生什麼問題，事先留下「有好好告知過了」的證據。這樣就能躲過他們甩鍋到自己頭上。

還有一個**是讓比他們更高一級的人加進來**，讓他給建議。

不論是哪種作戰，若是用了提問法告知，對方卻仍聽不進去，最好還是遠離對方以避免自己也跟著遭殃。

14「讚美馬賽克」

如果有人表現得自己很厲害並來問你意見時

面對總是說著「我這個人怎樣怎樣」這種自滿的人時，會覺得很煩吧。稍微自誇還覺得有些可愛，但過度或是一直開著冗長的自誇大會時就會令人覺得累了。尤其是在工作很忙時會希望對方能停止自誇。

以前我在當上班族時，曾在飲酒會上碰過有人在自誇當年勇，讓我感到很痛苦。「司，這個部長從零開始開拓了這個地區的業務，並打造了如今的成績喔。要是沒有部長也就沒有現在的我們了！」就像這樣，那位上司不僅會自誇，還會拍自己上司的馬屁，技巧用得很高明。

這時候，會配合著他的人應該就會打蛇隨棍上的說：「真不愧是部長！多虧了部長呢！」但我很不會說場面話，很多時候都是一句話不說地僵在那裡。

連「喔～」「好厲害呢」這一點點反應都做不出來。
如果刻意努力地想要說些場面話，對方就會更得意忘形，話題始終結束不了地延長下去，自誇大會也會一直持續下去。
這樣的情況不僅限於飲酒會，**愈是想要隱藏自己自卑感的人，或是自我肯定感愈低的人，就愈是「希望人家稱讚自己」**，所以會展現出自誇來。

・滿足認可欲求的病

各位覺得，展現自我想要獲得讚揚的人是在追求些什麼呢？
那就是「希望能滿足自己的認可欲求」。
在他們內心深處，最是清楚自己很渺小、很無趣、是個沒用的傢伙。
只是，他們不想在人前暴露出來，想隱瞞，不想承認那些事。
這樣的他們能使出的唯一作戰就是展現自我、炫耀。
周遭人都有在聽自己說話，這樣的感受會成為不降低自我「存在價值」的唯一「救贖」。

不過，面對獲得讚美後會顯現出氣場、展現自我的上司時，要擠出讚揚的話語其實是很不簡單的呢。

・讚美是良藥？還是毒品？

「讚美」這種行為雖是一種良藥，卻也會成為毒藥。

能讓對方湧起幹勁、療癒對方受傷心靈的「讚美」是良藥。

可是單只是為了提高自己的低自尊就去向人要求、強逼人「讚美」自己，那就只是在「依賴」「毒品」。

「讚美」會使人中毒。會讓人想著：「再多稱讚我一點！多稱讚些！」

面對這類人，不須要認真地跟他們說什麼感想或意見。

徹底做到「含糊以對」吧。而這就是「讚美馬賽克作戰」。

「我很遲鈍，雖然有點搞不清楚狀況……但還是感覺你好厲害似的。」

「真不愧是您！雖然我不太清楚是怎麼回事……但好感動！」

重點是「雖然不知道怎麼回事，但……」。

若是笨拙地說：「這是因為努力才獲得的成果呢。」對自我肯定感很低的他們來說，可能會引發負面的想法：「像你這種人懂我什麼努力！」

只要說「雖然搞不清楚怎麼回事」，就能減少對方說出不給面子的討厭話語。

若使用「讚美馬賽克作戰」，對方會為了尋找更多讚美自己的人，當場就會自然地離開。

就算弄錯了，看到被自己讚美的人那高興的模樣，也會開心地覺得自己是很派得上用場的，但唯有要避免兩人會變成離不開彼此的「共依存」關係。

要小心「適得其反」！（恐怖）

15「我會依序去做」

如果有人沒考慮到你的情況就丟工作給你時

對這種攻擊有效……「還沒做好嗎？」「好慢喔」「快點，到底要做到什麼時候！」

有某位學生來找我諮商。

「我有位上司會說著：『做這個』『麻煩你去做〇〇囉』，不斷把工作丟給我。我雖想著自己明明也有工作要做，卻還是不得不接下上司說的工作，結果才過了一個小時左右，他就跑來催促我：『還沒好嗎？』『做好了嗎？』『怎麼還沒做好？』很令人受不了。他說的那些話聽起來就像是在說我『你好沒用喔』『工作都做不好呢』，讓我壓力很大。」

如果是各位，會怎麼回答呢？

以下是教科書式的回答：

・

「這分工作最晚什麼時候要完成呢？我現在手上還有A跟B的工作。是否要優先處理現在這件工作呢？還是可以等處理完A跟B之後再做呢？這麼一來，就要兩個禮拜後才能交了。」就像是這樣的感覺。

我在公司企業中的新進員工溝通研習中講課時會教給大家以上那種說話方式。

可是來找我諮商的學生有很多都無法像那樣把話說出口。

・自己的行動要有確切的主軸並以此為依據來說話

總之，被交代工作時，大腦就會開始自言自語，像是：「對方都跟我說了，就一定要做」「可是，我還有許多非得去做的工作」「然而要是說自己還有其他工作要做，就會被認為是裝忙的討厭傢伙」「話說回來，要是承擔下那分工作而被人認為工作進度緩慢該怎麼辦？」「再說了，我都這麼忙了，就不要再把工作丟過來了」而陷入混亂中。

其實我在當上班族時也是會出現這種反應的其中一人，所以非常了解這種心情。

我跳脫出這種狀況的契機是常去的居酒屋老闆說的一句話。

用出了他說的那句話後，我就從沒必要的壓力中獲得了解脫。

那間店是以美味而獲得好評的人氣餐廳，店內總是高朋滿座，廚師就是老闆一人，所以點的菜單會不斷積累。

老顧客都會很有禮貌地等著，因為知道，雖然要花時間，但餐點很美味。

可是某次有位不了解情況、態度稍嫌惡劣的新來客人卻大聲催促老闆：

「上菜好慢！還沒好嗎？」「快一點啦！我已經等很久了！」

結果，那位老闆帶著笑容回答道：「好的。**我是照順序來做的。**」

就這一句話，大家全都沉默了下來。

因為這一句話是在暗示：「**不可以不照順序來！我不會那樣做！**」「**我會公平地對待所有人喔！**」「**你是想要不照順序來嗎？**」所以是句很有力量的話。

我建議學生可以「回答：『好的（面帶微笑），請讓我照順序去做』」結果對方就出現了「抱歉在你這麼忙的時候麻煩你！可以拜託你把其他工作先往後推，先做這件比較趕的工作嗎？」「要花多少時間呢？如果你很忙，我就去拜託其他人。」這些反應。

之後他開心地告訴我：「我只是回應了一句話，就大為減少了讓自己感到沮喪的窘境。也擺脫了必須要好好說明的壓力。真的讓人放鬆了下來。謝謝！」

透過確切擁有自己行動的主軸並以此來說話，內心就不會感到受挫了。

16「三種應對法」

沒聽清楚對方說的話、不了解情況的時候

不了解上司、前輩或客戶到底在講些什麼，沒聽清楚或無法理解。有時也會碰上這種情況。

這時候，最糟糕的回應法就是皺著眉回問：「什麼？」

或許你會認為這樣的做法並沒有很直接，但這是自己很難察覺到的習慣，所以要注意。

（除卻有人對你做出魯莽的請託，此時可以參考第四十一頁拒絕式的「什麼？」）

若受到對方斥責：「你有好好在聽嗎？」或是「給我認真聽啊！」想必任何人的心情都會變低落吧。

這時候請試著使用以下三種應對方式。

・聰明地重新提問的三個作戰

1. 道歉＆附加理由的作戰

瞬間腦中一片空白，或是因為有煩惱的事而沒有專注精神聽對方說話時，就誠心誠意地道歉吧。

或許有人會認為用不著找藉口，若是能簡明表達狀況就沒問題的對象，可以只補充一句話就好。

「對不起！剛才因為困擾於其他事而心情沮喪，所以沒有仔細在聽！」

「剛才在煩惱其他的事，所以注意力渙散了！請再跟我說一次。」

在必須要認真聽人說話的場合時，就不能用這種作戰方式，但若能向對方道歉並闡述沒有仔細聽的理由，就能減少對方的不悅感。

2.部分肯定&請教作戰

「很抱歉，我不太理解○○的部分，因為聽不太懂……的部分，可以再跟我說一次嗎？」

沒聽清楚，或是因為周圍太吵而沒聽到部分內容時，**拜託對方「請再說一次沒聽到的部分」是重點**。

對方也會因為只有那部分難以聽清楚而願意再說一遍。

3.完全沒在聽時、完全不理解對方說的話時

跟對方說：「很抱歉！可以拜託你再說一遍嗎？」

重點在於告訴對方希望他用「怎樣的音量」與「速度」來說話。

讓對方知道，若是用那樣的音量與速度來說話，自己是聽不清楚的。

17「我不記得有做過」

似乎要背負起失敗或問題的責任時

你是否有過如下的經驗？明明完全都不記得的事，卻備受責備並不情不願地承擔下來。雖然你並沒有責任，但若有人心懷惡意，或許會把責任推到你身上。這就像是惡霸地方官羅織罪名栽贓給犯人。

其實我以前也曾有過類似的經驗。

那是發生在某個降下積雪日子裡的事。是我國中時期的年少回憶。大家在打雪仗，我也參與其中，因為很冷，所以只玩了一開始的一分鐘左右就坐下了。結果在我的身旁，響起了玻璃「啪啦」的破裂聲。

有個人丟來的雪球正中並打破了我坐的旁邊的柔道場玻璃。正在進行晨練的柔道社團顧問走了出來並大叫著：「是誰！」結果一群人立刻四散逃逸，只剩下我一個人呆佇著。顧問看到了一臉呆滯坐著的我，揮舞著拳頭說：「是你嗎！喂！」我被該位教練的魄力所震懾，於是就說了一句：「對不起。」

在美國心理學的實驗中有項實驗結果指出：「若是被他人強硬地指責，該人將無法耐受住那樣的壓力而承認自己的過錯」，而實際上，也有六十九%的人就這樣認罪了。

・所有人都有被冤枉的危險

的確，當時的我對自己沒自信，總是在看人臉色生活，是不太會提出自己意見的孩子。一直到現在，這樣的個性也沒多大的轉變，但透過學習溝通與心理學後，就沒再背負過莫須有的罪名了。

可是，當時的創傷卻留在我心中有十年之久。

工作上發生問題時，即便完全跟自己無關，我也會莫名生出一種類似罪惡感的感覺，像是「總覺得自己好像有些什麼罪過？」「是不是被嫁禍了？」雙手、腋下與後背都冷汗涔涔。

幸好我能消除當時的心理創傷，但在講課時，我經常會遇到和我有同樣遭遇的人。

接下來我要告訴各位應對的方法。

在能確信自己確實沒有做某件事時，能明確主張「絕對不是我！」

・說話方式的訣竅就在面帶微笑與腳心

訣竅是帶著微笑爽朗地說話。

1. 面帶微笑。
2. 在心中緩慢地唸誦一遍想說出口的話
「那・不・是・我・做・的。」
「我・不・記・得・有・做・過。」
3. 將在2所唸誦的話語用在內心唸誦的速度說出口吧。

有時或許也有些事會讓旁人覺得似乎是與你有關的。

這時若你無法確信，就說一句：「我完全沒這方面的記憶。」

即便對方大聲壓迫你、威嚇你，也請重複地說：「我不記得有做過。」

如果覺得很難進行面帶微笑的作戰時，就把意識放在腳心上。

1. 用腳心來感受體重。
2. 在心中緩慢地唸誦一遍想說出口的話
「那・不・是・我・做・的。」
「我・不・記・得・有・做・過。」
3. 試著想像從腳心發出聲音來跟對方說話而不是嘴巴。

這個方法適合因為怯場或怕生而在跟人說話時緊張到發不出來聲音，或是聲調不穩的人用，是在聲音訓練時會教授的技巧。

這技巧是消除不冷靜的感覺並學會擺出「淡然自若的模樣」。

「那・不・是・我・做・的。」
「我・不・記・得・有・做・過。」
POINT
面帶微笑
POINT
在心中唸誦
POINT
用腳心來感受體重

18 「我很高興您是為我著想才這麼跟我說」

受到打擾或有人多管閒事時

有的上司很多管閒事，一有什麼事就會插嘴，或是有些雙親會因為過度操心，不論你做什麼事都要橫插一腳。

以下要介紹面對這種情況時可以乾脆、順利應對的說話法。

・攻擊方的心理

會攻擊你的人，是因為什麼理由來妨礙你的呢？

只要試著去想一下他們的動機就會發現，其中一個原因是，他們就是單純地故意使人不痛快。這是他們想要消除自己心中的壓力以及自我否定感的行動模式。

還有另一個原因是，**他們相信自己說的話是正確的，是在為對方著想。**

這種情況是對方抱持著「我覺得那樣做很好……」而說的。

第一種情況大多是來自於憎惡或厭惡感，但第二種情況大多是出自於愛（扭曲的愛）。

不論是出於哪種情況，都很煩人又棘手。

帶著攻擊目的來跟你說話是很令人討厭，但本人若是為了不讓你捲入麻煩，而深信著是「好心告訴你！」的情況時，我方愈是拒絕，對方就愈是會直拗地認為：「你為什麼都不懂我的心意！」更會持續做出我們不想看到的言行舉止。

・告訴他們做些什麼會讓我們開心、高興

不論是哪種情況，首先都要接受對方的心意並告訴他們一句話：

「我很高興●●先生／小姐是為我好才這麼跟我說。」

然後再試著跟他們說：

「下次你若能用●●的說法，我會更高興的！」

「那時候，若你能跟我說●●，我會更努力的。」

例如若上司跟你說了這句話：

「是因為焦急才失敗的吧！所以一定要冷靜下來呀。」

即便是在被催促而緊張時的情況下，也要試著告訴對方：

「我非常高興您是為了我好才這麼說的。謝謝您。下次若您能對我說：『只要放輕鬆去做就能做好唷！』我會更高興的。」

・療癒從前因為禁止令而被奪去自由的對方

我們稱向對方做出「不要做～」的禁止要求，並讓對方聽自己話行動的行為是「否定命令」。

雖然也能對對方提出「請不要那樣說話」的禁止要求，但不要特意那樣做。

「若是用●●的方式跟我說，我會更高興的！」請試著這麼跟對方說。

攻擊方是很討厭被人有所要求的人種。他們會把自己不喜歡做的事推給別人做。

在他們的過往，曾經歷過因為「禁止令」而受到攻擊的事件。他們從這些討厭的記憶得知，用這樣的說法去傷害對方是很有效的。

若是使用他們慣用的手法，就會變成他們的同類，所以不要刻意去採行那樣的作戰。

在現今的案例中也是，對方是在用否定命令來告訴你「不要焦急」。

・以笑容做為回報，贈送給努力的對方

所以我們刻意不使用否定命令，而是向對方展示「具體的期望」，像是：若自己被如此對待將會很高興，會感覺更幸福。

而如果對方針對你的要求稍微做出些似乎能做到的言行舉止時，你就面帶微笑地回應他：

「您單是這樣說就讓我好高興！謝謝您！」

看著露出開心表情的你，若對方多少也出現有愉快的情緒，那就是你的勝利了。

笑容是給對方最好的回報。

若甚至能改變對方的行動，你就完全地贏了。

此外，總之有時也會希望對方什麼都別說，就放自己一個人靜靜的時候吧。

像這時候，可以試著告訴對方：

「我很高興您為了我著想而說了那麼些話。下次若您能先暫時觀望半天，我會更高興。」

當然，或許對方無法沉默地觀望半天，但若至少能比現在稍微靜觀其變，就是你贏了。

或許這次的說法有些難度，但請試著做做看。

19 「只有這樣嗎？可以了嗎？」

對進行了好幾次相同指責的人使用

我們在面對「沒表情」的人時，會感受到「畏懼」。

這點經由美國心理學家的實驗已經得知。

在這實驗中，將刊登在雜誌廣告中模特兒的照片分類為「笑逐顏開」組、「微笑」組，以及「面無表情」組，然後來測定哪一組的模特兒看起來比較強勢。結果，實驗結果為，面無表情組的模特兒看起來是最強勢的。

這就是透過刻意形成並活用「面無表情」來讓對方感受到「強勢」或「畏懼」的戰術。

・面無表情、冷淡且斬釘截鐵對對方說話的「黃金臉」

這個作戰是，受到對方攻擊而說不出話來時，不要擺出一副茫然若失面無表情的模樣，而要刻意擺出「冷淡的面無表情」來應對對方，以引起對方心中的畏懼之情。

透過活用「冷淡的面無表情」，演出「不知道在想什麼的恐怖感」，成為用普通方法行不通、不可以被小瞧的存在。

不過有時單是這樣，對方也不會停下攻擊。

「為什麼沉默！給我說些什麼啊！」

對方為對抗這樣的畏懼而有可能說出上述的話。

這時可以說一句：

「你想說的就是這些了嗎？這些就是全部了嗎？」

並且要用之前擺出的面無表情來說。

・了解對方進行攻擊的機制吧

試著分解並思考對方進行攻擊的機制與流程吧。

1. 對方發現了你（「發現」）。
2. 對方發現了能深入攻擊的點（「誕生」出能做出行動的契機或動機）。
3. 對方對你做出有攻擊性的言行舉止（「行動」）。
4. 你的表情出現了變化（驚懼、恐慌或悲傷的表情），或是做出了軟弱的發言（「獲得」了期待的反應）。
5. 對方看到那反應，萌生出「開心」「滿足」的情緒（得到「報償」）。

流程就像這樣是「發現」「誕生」「行動」「獲得」「報償」。

這樣的流程對對方來說若是成功模式，**要想摧毀，就要在各階段採取行動，讓對方的成功模式無法成立。**

1的情況應對法

・別被對方發現。

例如在午餐時間的餐廳中碰到對方的機率很高，就不要在對方會現身的時間帶去餐廳。

不用認為自己很軟弱，一看到對方就想逃。請試著想成是在進行主動避開鬥爭的戰術。

2的情況應對法

・不要給對方機會發現會令他開心的諷刺重點。

例如姿勢。避免以駝背、孱弱的姿勢站立、走路、坐著，展現出在第一章中介紹過的坦蕩莊重。

「我拜託你的事還沒做完嗎？」面對有這種口頭禪的上司，即便在工作截止日前還有餘力，也要先下手為強的說：「現在已經進行了七成，後天就會完成。」

3的情況應對法

若能在1與2的階段中做出有效的行動，就能減少引起3的「行動」的可能性。

可是即便如此，對方的麻煩之處就在於會在某些事上找碴。

因此此時的重點就是「面無表情」。

4的情況應對法

面對有攻擊性的言行舉止，刻意不讓對方看到他期望你出現的表情，亦即「恐懼、不安、悲傷」。

擺出一副「面無表情」的模樣給對方看吧。

對方若因無法獲得期待的成果而迷惘，就會因為你主動擺出的「面無表情」而形成「畏懼」，陷入輕微的混亂狀態。

最後，對方就無法獲得總會在那五個階段中能獲得的的滿足感。

即便再度面臨到同樣的情況，對方也會轉變思考，想著：「會不會又陷入相同的模式中呢？這次稍微試著別進行攻擊了。」應該就會漸漸地減弱攻擊性。

・說話方式的注意點

面無表情地跟對方說：「就只有這樣嗎？可以了嗎？」「想說的就這些了嗎？這些就是全部了嗎？」

如果想演出自己很從容時，在面無表情地說出這些話之後，就展露微笑吧。

想演出強勢或令人感到畏懼時，就試著保持面無表情三秒。重點是說話時不要眨眼。

這就是面無表情、冷淡且斬釘截鐵對對方說話的技巧「黃金臉」。
因人而異，或許有人會覺得這技巧很難，但終究希望大家都能學會這戰術。

20「如果要這麼說的話……」

突然答不上話來時的應急處理

你是否有過這樣的經驗？面對突如其來的提問卻困擾著不知該如何回答。

以下要來介紹當你感到焦急、腦中浮現不出答案就可以用得上的話語。

那就是「若要說的話……」

・減少傷害，同時不讓對方覺得你看起來很無能的回答方式

反正都是告訴對方假設性的回答，就算錯了，傷害也不大。

在此要注意的重點就是別沉默不語。

若是保持沉默，對方也會煩躁起來，看到對方生氣的模樣，你會更加焦慮，想不出答案。

「能順利進行只是單純懷抱希望的觀測呢。這麼說有什麼根據嗎？」

例如若有人這麼問你，而你又無法立刻提出明確根據來時，就可以說：

「很抱歉。現在我無法立刻提出明確的根據，但如果能轉用前次使用過的系統，就能大幅提高成功的可能性。」

若是以「我無法說是能絕對做到」「我不是很清楚」這樣的說法作結，對方又會說出刺耳的話來：「你也稍微想一下吧。」

對方問到你完全不知道的內容時，比起用「我不知道」作結，回答「如果能給我一點時間，我會在休息時間調查完後回覆您」會比較好。

單是使用「如果」這個詞，就能緩和被問到未知事物的恐懼感，而且在下一次展開的對話中也能繼續進行在當下結束的對話並產生出樂趣來。

3 rd Round

撲克聲

學會不讓對方察覺出你

「軟弱」或「膽小害怕」的說話聲音

什麼是撲克聲？

書店中陳列有回話指南的書，但把主要著眼點放在該用怎樣的話語來回應以及教人該怎麼回嘴的書卻很少。

▶影片

https://tsukasataku.com/blog/douga-pal-pub/

・「沒自信的聲音」會吸引攻擊

攻擊者在決定攻擊對象時有個要素，那就是聲音。**他們會從聲音去判斷可以對誰進行攻擊。**

這傢伙不會反擊。可以對這人冷淡些。所以就選你做為了目標。

會攻擊人的人就有這種想法。

當然，攻擊方的確百分百是不對的，他們那樣做是不合理的。而他們之所以會那樣做的原因，就是因為有個看起來似乎能對之進行攻擊的人才會做出攻擊的行為。

・不可以讓他們透過聲音看穿你的軟弱

容易被攻擊、被瞧不起、被輕慢以對、被欺負、被忽視。

有這些煩惱的人請一定要學會「撲克聲」。

請讓我對這個不常聽到的單詞「撲克聲」稍做說明。

各位應該都知道「撲克臉」這個詞。這是在遊戲的撲克牌中常會使用到的，讓眼前對手完全看不出自己情緒的表情。不論對方說了什麼、處在什麼狀況下，始終隱藏住自己的情緒，所以任何人都無法理解這個人在想什麼，或他的心理狀態為何。

・「不讓對方得知自己不安或恐懼的發聲法」——撲克聲

撲克聲也完全同於那樣的概念。

也就是「不讓對方得知自己不安或恐懼的發聲法」。

人們的聲音或說話方式和表情一樣，是如同表現出該人自身性格、心理狀態與自信有無的鏡子。

若是毫無掩飾地以「真實」的聲音或說話方式去與人接觸，你的心理狀態就會洩漏給對面的人得知。

撲克聲這種「說話方式」是能隱藏你不安與恐懼的「聲音」，用這方式說話就能讓對方無法得知你的情緒與想法。

・學會撲克聲的五個步驟

1. 用「MJ型」與「NHK型」口型來發出表現「從容感」與「威壓感」的聲音

　這部分要來介紹用「MJ型」說話的聲音能讓對方感受到你的自信與從容，而用「NHK型」說話的聲音則能讓對方感受到你值得相信、很真摯以及帶有威壓感。

2. 改善「因為恐懼而說不出一句話來、聲音會顫抖」的「開嗓術」

　這部分要來介紹的訓練法是可以開嗓好容易發聲說話的應對法，而且這個方法不會被人小瞧為是糟糕的油嘴滑舌。

3. 「簡單腹式發聲法」，發出不對對方壓迫力低頭的「有壓力聲音」

　介紹能調整自律神經、形成冷靜狀態的腹式發聲練習法「腹部膨脹運動」。

4. 「喵喵喵發聲法」，發出「不讓人察覺自己害怕的輕鬆聲音」

介紹透過鍛鍊聲帶肌肉就能發出宏亮聲音的「喵喵喵發聲法」。

5.「放鬆下巴緊張」，讓想說的話能說出口

介紹伸展操「阿嗚阿嗚體操」，讓下巴回到正確的位置，形成容易發聲的嘴巴與下巴。

從下頁起，我們就按順序來介紹吧。

1 用「MJ型」與「NHK型」的口型發出表現「從容感」與「威壓感」的聲音

▶影片

https://tsukasataku.com/blog/douga-pal-pub/

在此要來說明，面對有人攻擊你時，你可以做出醞釀出「從容感」的口型，以及表現出「威壓感」的口型。

之前，你應該有讀過說話法的書或是聲音訓練法的書吧。其中應該絕大部分的書都是用插畫的方式在說明能發出好聽聲音的「阿依嗚欸喔」口型。

我稱此為「舊式法」。

解說

「阿（a）」：將嘴巴上下大張。手指可以縱向放入三根的感覺。

「依（i）」：將嘴角往橫向拉開來發音

「嗚（u）」：發音時嘴巴稍微往前突出。

「欸（e）」：張開嘴往橫拉發音。

「喔（o）」：發音時嘴巴稍微往前突出，舌頭位置比發「嗚」時稍微後面些。
大概所有書都會像這樣說明。
可是實際上說話時如果全都用這些口型會非常辛苦。
因為必須做的口型模式有五種。

要正確重現這些口型是非常難的。
更何況在面對攻擊你的人而感到不安以及恐懼的時候，嘴巴周邊的肌肉也會因緊張而僵

硬，所以就更加困難了。

最後聲音或是會顫抖，或是講話含糊不清楚，或是聲音根本都發不出來等等。

在這樣的緊張與不安中，「容易回嘴的口型」能順暢地回應對方說的話。

・用讓對方感受到你有自信與從容的聲音來說話——「ＭＪ型」

這就是一開始介紹到的ＭＪ型這個口型。

解說

「阿（a）」……跟發「依」的音一樣，往橫拉，只稍微張開一些

「依（i）」……發音時嘴角往橫拉

「嗚（u）」……發音時嘴角往橫拉，或者是嘴巴稍微往前突出地來發音

「欸（e）」……與發「依」的音時一樣，嘴巴往橫拉

「喔（o）」……發音時嘴巴輕輕往前突出

順帶一提，ＭＪ型的ＭＪ命名由來是，民間廣播「Ｍ」的女性節目主持人「Ｊ」小姐在主持綜藝節目時說話的口型。

民間廣播的女主持人要通過幾千、幾萬倍競爭率的入社考試，這些人也就是所謂「給人好印象的天才」。她們經常都是面帶笑容並帶來開朗的氣氛。

她們在說話時口型經常都是倒三角形的，形成完全看不見上排牙齒的形狀。

若是用這種口型說話，眼角就會自然地下垂，表情就像帶著笑般。

這種說話方式不僅會帶給對方好印象，也會讓對方以及周遭人覺得你很「從容」。

面對帶著笑容說話的人，一般人都會感受到對方的「從容」與「自信」。

不是因為有自信才面帶笑容地說話。

是因為帶著笑說話，所以即便心中充滿了恐懼與緊張，就外人看來，也會覺得該人是不會屈服於攻擊的人。

這就是撲克聲。

從ＭＪ型嘴巴發出聲音所給人的印象＝音質是「開朗宏亮的聲音」。

是很乾脆俐落，給人感覺有自信與高能量的聲音。

若受人攻擊時仍能以笑容回應，就會讓對方感到掃興。

也就能削去其惡意的毒牙。

・讓「對方感受到信賴、真摯與威壓」的聲音——「ＮＨＫ型」

民間廣播的女主播當然也不總是帶著笑說話，誦讀新聞時口型也會有所變化。

尤其是無法帶著笑容播報的晦暗新聞，若是以ＭＪ型的口型來誦讀新聞稿，就會被人認為很輕率。

因此，想要讓對方感受到「信賴」「真摯」時，就要改變口型。

那就是接下來將要說明的口型——「ＮＨＫ型」。

提到ＮＨＫ電視台時，大家都有什麼樣的印象呢？應該很多人都覺得值得信賴與安心吧。

「ＮＨＫ型」這個口型的命名就是來自於ＮＨＫ的主播在誦讀新聞原稿時的張口方式。

為了不讓大家產生誤解，我要先說明，這樣的口型不限於ＮＨＫ，播報新聞的主播大多都是用這樣的口型在播報。

此外，之前雖然寫到ＭＪ＝民間廣播女主播，但民間廣播的男性主播也同樣是用這口型。

同時，在ＮＨＫ中主持綜藝節目的主持人，不論男女性，很多也都會用ＭＪ型。

那麼以下就來解說ＮＨＫ型的口型。

‧形成發出「NHK型」聲音口型的方法

解說

「阿（a）」……將嘴巴張開。張成像是發現到什麼的「啊！」或是感到些許驚訝時發出聲音的大小。舊式方法是放入三根手指，此則約為舊式法的三分之一左右大小。

「依（i）」……嘴唇幾乎沒有往左右兩旁拉開，用「阿」的嘴巴寬度發音。嘴巴中的空間是狹窄的。

「嗚（u）」……先做出「依」的口型，然後將嘴唇稍微形成圓形來發音。

「欸（e）」……用相同於「阿」的口型來發音。舌頭自然會從根部往上提的感覺。

「喔（o）」……以「嗚」的聲音為基礎，將下巴往下移動的感覺。比起「嗚」，嘴巴中的空間更大。

NHK型不會將嘴巴上下大張或是將嘴角往左右兩邊拉開。要說起來，感覺就像是嘴巴小小的張開來發音。與MJ型相較，聲音偏低，有沉著冷靜感。

此外，若是用這表達方式以眼睛不笑、無表情的樣貌與人說話，就是會帶給對方威壓感的聲音。

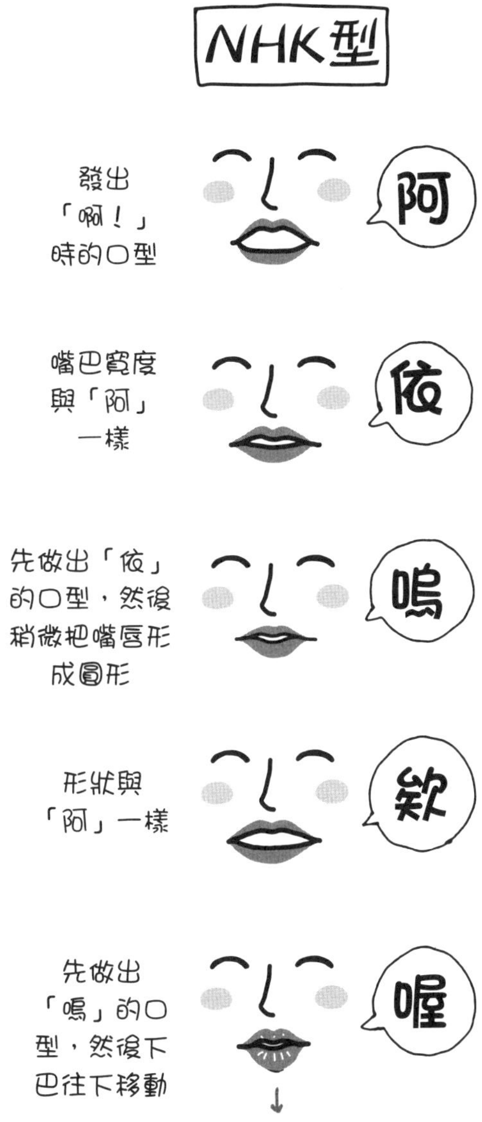
NHK型
發出「啊！」時的口型
阿
嘴巴寬度與「阿」一樣
依
先做出「依」的口型，然後稍微把嘴唇形成圓形
嗚
形狀與「阿」一樣
欸
先做出「嗚」的口型，然後下巴往下移動
喔

練習方法

發音的練習要以阿→欸→依→嗚→喔這樣的順序來做發音練習。

從「阿」改發為「欸」時，要保持住「阿」的口型來發「欸」的音。

從「依」改發為「嗚」時，要從「依」的口型轉為稍微將口唇做成圓型來發「嗚」的音。

從「嗚」改發為「喔」時，要從「嗚」的口型變起，是把下巴往下移的感覺來發音。

每天只要練習一～兩分鐘左右即可，試著反覆練習吧。

2 「開嗓術」，改善「因恐怖而說不出話來、聲音顫抖」

▶影片

https://tsukasataku.com/blog/douga-pal-pub/

平常就很難發聲，有鎖喉的感覺。

引起難以發出聲音這種症狀的，其實是舌頭。

最近在學校中，被醫師診斷為是痙攣性發聲障礙、機能過度性音聲異常而被建議進行聲音訓練且決定上課的人增加了。

機能過度性音聲異常以及痙攣性發聲障礙是在接受了醫師的診斷後，並沒有發現聲帶異常，只會被給予不要累積壓力這種程度的建議而已。

以下要來介紹發不出聲來、聲音顫抖等症狀。

痙攣性發聲障礙

發聲時，左右的聲帶閉合過緊。

結果導致無法吐氣、無法發出聲音、聲音聽起來很痛苦。

機能過度性音聲異常

舌頭以及喉嚨的肌肉緊張導致出現了失聲的症狀。

與其說是呼吸困難，不如說是憋著氣的聲音。

每天都因為無法回嘴而倍感壓力的人中，有非常多人都說自己說不出第一句話來，請這類人進行以下的檢測。

1. 看著鏡子，試著以容易發出的高音發出「阿」的音。
2. 試著確認一下口內舌頭的狀態。

・若能看見全部的懸壅垂（俗稱「小舌」）就是正常的，但你是否完全看不見懸壅垂或只能看見一點點呢？
・舌頭可以用力震動或形成卷舌嗎？
・舌頭是否有遠離「下方牙齒內側」並往喉嚨的方向縮呢？
・是否有以下的症狀：發聲時，肩膀一定要上提、形成反作用力，否則就發不出聲。
・肩頸是否有很強烈的緊繃感？

試著檢測一下，若是有符合兩者以上就要注意了。

舌頭正確的擺放位置，是舌頭在放鬆狀態下，輕觸下方牙齒內側齒齦的部分。

・開嗓，能輕鬆說出第一句話的應對法

以下要來介紹發聲時減輕喉嚨卡住情況的訓練。

1. 準備……輕張開口，將舌尖放在下方牙齒上。
2. 吸氣……注意肩膀不要上提，吸取大量空氣進入肺部。試著想像空氣進入到胸腔、腹部、背後甚至側腹。
3. 單純嘆氣不發出聲音來……試著就這樣大口「哈」地「嘆氣」。嘆氣有放鬆身體的效果，也能解除舌頭的緊張。進行「哈」這聲「嘆氣」時發出的聲音，只有單純氣息的聲音就好。進行三次。
4. 發出聲音的嘆氣……接著，請試著進行會自然發出聲音的嘆息。大口吸氣後，再大口「哈」地「嘆氣」。此時是連同聲音也一起發出的感覺。進行三次。

這個練習的目的是讓大腦記住舌頭處在無力狀態下發聲的感覺。可以緩和聲音發不出來、顫抖、只能發出斷斷續續的聲音等，這類因為舌頭緊張而發生的症狀。

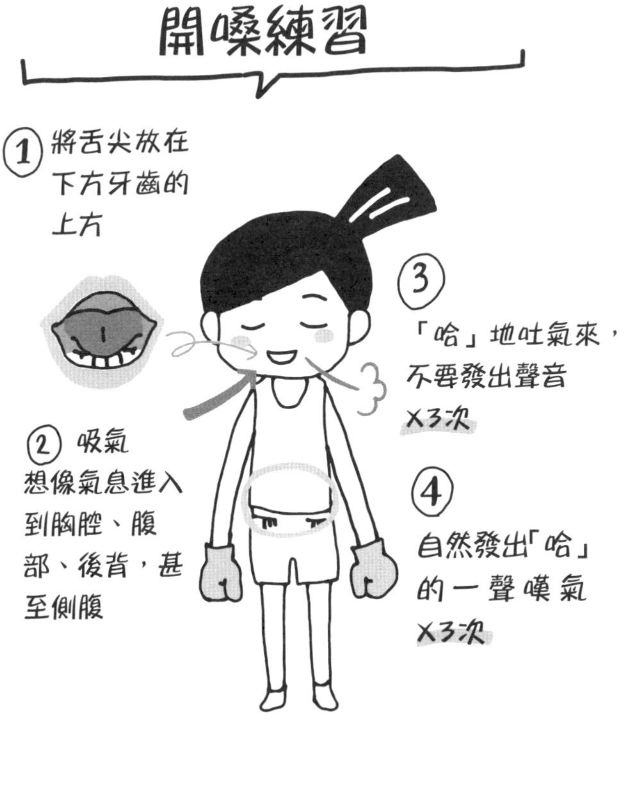
開嗓練習
①將舌尖放在下方牙齒的上方
②吸氣
想像氣息進入到胸腔、腹部、後背，甚至側腹
③「哈」地吐氣來，不要發出聲音
X3次
④自然發出「哈」的一聲嘆氣
X3次

・不會因講話含糊不清而被人輕視的練習法

各位是否曾被人說過「講話含糊不清」「在重要時刻經常會結巴」？

若是在意講話含糊不清，進行回應時就會猶疑不定。

此處要告訴大家一個練習法，讓你不會因為講話含糊不清而被輕視。

舌頭的肌肉本來是可以三百六十度自由活動的。

不過，若是舌頭肌肉的活動不靈活，聲音就無法被聽清楚，形成含糊不清的說話方式。

被人說自己講話含糊不清時，壓力會傳至舌頭，舌頭就會緊張、變硬。有人會為了改善而練習繞口令，但那不是有效的解決辦法。

大腦會記下舌頭的緊張壓力。本就容易緊張的人，若是將意識專注在緊張而變硬的舌尖上並重複練習繞口令，就會養成習慣，讓舌頭處在緊張的狀況下來發聲。

為了能流暢說話就必須讓舌頭放鬆。

說話時，不要去注意舌頭的每一次活動很重要。試著改變活動舌頭時的注意力吧。具體來說，**不是活動舌尖來說話，而是希望大家甚至注意到舌根，留心使用整個舌頭來說話。**

這麼一來，說話方式就不會給人留下焦急的印象，而會是沉著穩定的印象。

不要只活動如插圖中A的範圍，請試著像B那樣，留意擴大範圍活動舌頭說話。這樣就能把話說清楚、讓人能理解了。

放鬆舌頭吧
A
B
X A 只活動舌尖
O B 從舌根開始活動
留意用整個舌頭來說話

3 「簡單腹式發聲法」，發出不輸給對方魄力的「有威嚴聲音」

▶影片

https://tsukasataku.com/blog/douga-pal-pub/

要發出強而有力的聲音，就必須使用橫隔膜吐氣。

可是，習慣了用小聲量說話的人，其橫隔膜的活動是鈍化了的，處於無法使用的狀態。

「膨脹腹部運動」是強制性地刺激橫隔膜，以簡單做到腹式發聲的運動。這讓我們可以自由自在地控制想發出的音量。

1. 單手輕輕握拳，並放在嘴巴稍微下方處。
2. 從鼻子吸氣，奮力將空氣「呼」地分五次吐進在1中用手握拳形成的手洞中。
3. 以「呼」一次約一秒的步調，「呼！呼！呼！呼！呼！」地為一組來進行。
4. 吐氣時請確認有將橫隔膜附近的肌肉（胸口附近）往前推。
5. 請以吹氣球的要領，重複三組。也可以實際使用氣球。

・身心健康的腹式呼吸法

使用腹式呼吸法的發聲練習可以讓身心都獲得健康。

實際上，來上課的學員們也都開心地告訴我：「變得不太會感冒」「憂鬱的症狀改善了」

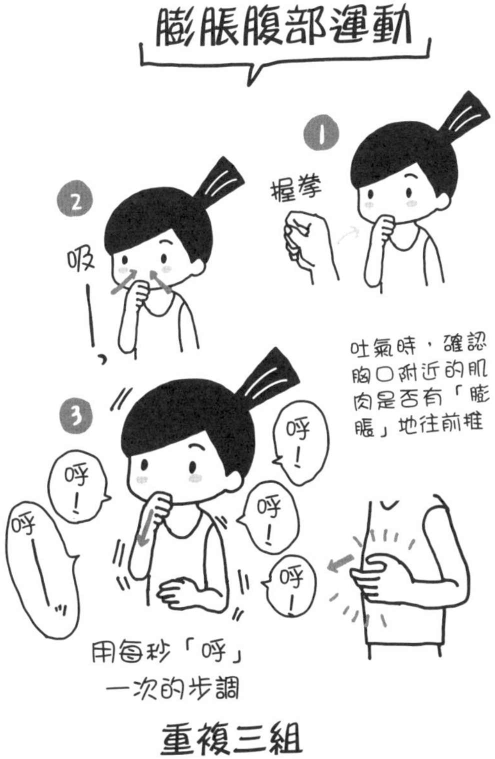
膨脹腹部運動
1
握拳
2
吸
3
呼！
呼！
呼！
呼！
呼
吐氣時，確認胸口附近的肌肉是否有「膨脹」地往前推
用每秒「呼」一次的步調
重複三組

「煩躁不安的情況減少了」。

祕密就在自律神經。

自律神經擔負控制血流的任務。血液循環良好，免疫力就會提升，也能調理好身體狀況。

自律神經可分為「交感神經」與「副交感神經」。

交感神經的作用是收縮血管、提升血壓。若是交感神經居於優勢，就會使人處於緊張與興奮狀態。副交感神經的作用是鬆弛血管，降低血壓，若是副交感神經處於優勢，就能讓人處於放鬆狀態。

自律神經的交感神經與副交感神經的平衡很重要。

尤其容易遭受攻擊的人，因處在緊張、不安、憤怒等充滿壓力的環境中，有很多人都是過著以交感神經居優勢、副交感神經居於劣勢的生活。

在這樣的狀態下是無法放輕鬆的，會以驚慌失措的驚懼狀態在過日子。

發聲訓練是透過重複進行腹式發聲法，以讓副交感神經居於優勢地來運作。

腹式發聲法能抑制交感神經失控，調整自律神經的平衡。
自律神經調整好的狀態，指的就是焦慮、不安的程度下降，內心沉穩的狀態。
也就是能形成淡定從容的狀態。

而在這樣的狀態下發聲，就會成為不讓人感受到不安與驚懼，而是「讓人感受到淡定從容、有威壓感的宏亮聲音」，所以就會減少受到沒必要攻擊的情況。

4 「喵喵喵發聲法」，形成「不讓人感受到你膽小恐懼的輕快宏亮嗓音」

▶影片

https://tsukasataku.com/blog/douga-pal-pub/

在此，要來介紹「喵喵喵發聲法」。這個發聲法是透過鍛鍊聲帶的肌肉，改善整體聲音中「低沉」的部分，以發出宏亮的嗓音。

以高亢的聲音來進行這個發聲也能進行發出高音的聲帶肌肉訓練。

此外，透過這個發聲法也會學到開嗓的感覺，以及改善鼻音的低沉音。

1. 盡可能用高音發出像是假聲的「喵」。透過發出高音的「喵」，舌頭的形狀自然就會變成碗型。
2. 嘴角上揚、下巴往下地來發聲。

練習一

請試著以自己能發出的最高聲音唸誦以下的例文（名字的部分可以改成自己的名字）。

您好，我是（司拓也）。

說了五次「喵」後，就來念名字。

喵喵喵喵您好

喵喵喵喵我是

喵喵喵喵司

喵喵喵喵拓也

說完第五個喵後緊接著立刻說下句話。

練習二

維持住先前在練習一所發出的高聲的感覺、喉嚨深處的感覺，繼續來唸以下的例文。

您好，我是司拓也。

喵喵喵發聲法

5 「放鬆下巴的緊張」以明確說出想說的話

▶影片

https://tsukasataku.com/blog/douga-pal-pub/

想說的話卻說不出口。一想說話，下巴周邊的肌肉就會緊繃，變得又重又硬而開不了口。

各位是否有過這種經驗？

若習慣了使勁忍耐著不說想說的話，就會對臼齒施加不小的力量。

在壓力大的狀況下，咀嚼肌的活動會增加，就會偏向大力咀嚼，若這麼持續下去，嘴巴將會變得很難張開。

雖想好好說出想說的話，嘴巴卻成了張開不了的狀態。

以下要介紹放鬆下巴緊繃的伸展操，能改善在覺得想要把想說的話說出口時，嘴巴難以張開的症狀，並能夠流暢表現出內心所想的一切。

以下要介紹的「啊嗚啊嗚體操」是能讓下巴回歸到正確位置，並形成容易發聲的嘴巴與下巴的伸展操。

1. 用雙手中指壓住兩耳後方。此時請用右手壓住右耳、用左手壓住左耳，將臉往上推。
2. 感受朝上說話的感覺，並發出「啊嗚啊嗚」的聲音十秒。
3. 接著，鬆開按著耳朵的手指，並拉著下巴。在這樣的狀態下，請試著再次發出「啊嗚啊嗚」的聲音。

如何呢?各位應該會發現發聲的地方會與第一次發「啊嗚啊嗚」聲音時有所不同。只要進行這個伸展操，下巴就會變柔軟，就能順暢地發聲了。

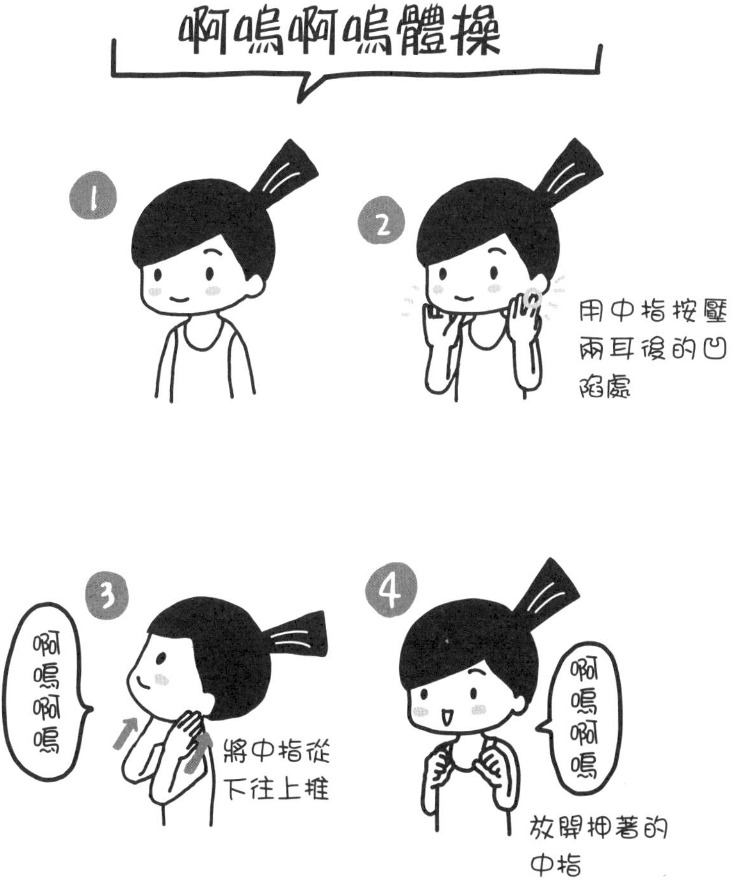
啊嗚啊嗚體操
1
2
用中指按壓兩耳後的凹陷處
3
啊嗚啊嗚
將中指從下往上推
4
啊嗚啊嗚
放開押著的中指

若是關上心門、放棄，發聲的機能就會退化

本就對自己的聲音或說話方式感到自卑的人，在要對他人說話時，每次都容易感到非常的不安。

即便對方是能夠信賴的人，只要一想到「對方會不會否定我呢」，有時就會因恐懼而變得無法開口說話。

這麼一來，就會變得不願意說話，不會自己主動開口。其中也有人會因為害怕說話而變得沉默不語。

・若置之不理，發聲的機能就會退化

其實若平常就不發出聲音，發聲的機能就會逐漸退化。

若機能退化，在發出聲音時當然就會比以前更辛苦。

而且若對方的攻擊很猛烈，讓自己開啟了緊閉心門的放棄模式，就會逐漸不說話，發聲的機能也會更形退化。

切斷這樣的惡性循環很重要。

為此，首先要試著稍微發出點聲音。**即使只有一點點也好，只要嘗試持續「說話」這個行為，與人接觸時的恐懼感與不擅長的感覺就會減弱。**

本書中有解說如何學會不讓人察覺到你緊張的「聲音」以及「說話方式」的方法，但另一方面，**我們也不能忘了該有怎樣的「心態」**。

許多時候，比起只有聲音與說話方式有問題，「對自己沒自信」的想法會有更大的影響。說得極端些，對自己有自信的人，即便不用特別學習，很多人的音量也大，說話方式也很從容大方。

話雖這麼說，即便突然跟你說：「要對自己有自信！」許多人應該都會感到很困擾。因為我們無法在一朝一夕間改變自己的性格與想法。

可是，**透過改變聲音與說話方式，就有可能「讓自己看起來是有自信的」**。假設就算是內心緊張不已，只要聲音很從容大方，就不會有人察覺到你的緊張。

此外，假設就算你緊張得要死，只要說話方式充滿自信，就有非常高的可能性被人認為是「有自信的人」。

容易緊張，不擅長與人說話；對自己的意見沒自信；對他人心情的變化很敏感，立刻就避之唯恐不及。

「撲克聲」的存在正是為了這些敏感的人。

不要想著改變自己的內心，即便只有一句話，也請試著發出聲音，告訴他人自己的意見。從中就會產生「表達出自己的意見了」這樣的自信，並緩和覺得自己不擅長說話的想法。

4th Round

緩衝力

從根本打造出不會因

對方攻擊而受傷的心

所謂的緩衝力是什麼？

到目前為止，大家已經都學會了「無力化力」「反擊力」等可以用作武器的戰力。可是，**這些技巧全都是用來應對對方攻擊的技巧**。

一般所謂的「對症治療」是以受到對方攻擊導致心靈負傷為前提來進行。頭痛就吃頭痛藥，若那個藥沒效，就改吃其他的頭痛藥。其間，若傷了胃就吃胃藥，沒效就吃其他胃藥。就像是這樣的感覺。

可是若這樣下去，身體各處就會不斷出現其他症狀，而你將不知於何時會倒下。

那麼，若面對對方的攻擊，想從根本上不把攻擊想成是攻擊，讓心靈完全不會受到傷害，也不會感到疼痛時又該怎麼做呢？

此時就要對症治療。

第四章的**最終目標是要教會大家，即便遭受攻擊，也不會為那攻擊所傷害的「心靈緩衝力」**。

為了達成此目的，首先要思考自己的心靈為什麼會受傷呢？又該怎麼療癒已經受了傷的心呢？同時，學會不為對方話語、態度所傷的技巧也很重要。

在最後一章，會分階段性地來說明打造從根本上就不會讓心靈受傷的心靈緩衝力相關方法。

我會分四階段來告訴大家擺脫被害者意識、不受到傷害的相關方法。

1 改寫自我印象

我這麼一說，應該會有很多人大為震撼，但我是抱持著希望大家都往好的方向轉變的心意，才刻意說出這麼嚴苛的話來。

在任何環境下都容易遭受攻擊的人，其實最討厭的就是自己。

因為能力低下、因為沒有價值、因為容貌不好、因為性格惡劣。

因為自己是這樣的，所以不論做什麼都遭人嫌，也不會有人理解自己。會被別人盯上、會遭受攻擊、會受到不合理的對待都是莫可奈何的。

會像這樣決定自己的存在價值。

只要持續相同的自我印象，即便環境改變，人際關係也變了，周遭的人依舊會對你有同樣的印象。

我自己是在被父母一直說著「很遲鈍，學習跟工作都做不好，不論去到哪裡都會被罵，所以要比別人多三倍的努力才能與人並進」的環境下所長大。雙親或許是為了我好、是要告訴我努力的重要才那麼說的，但我自己卻只接收了字面上的意思，就照著這自我形象，不斷重複著失敗，唯有比別人多努力三倍才終於能獲得與人齊頭的結果。

一直閱讀到這裡的、很努力的各位。是不是也差不多該從降低自己能力的自我印象畢業了呢？**自我印象是能進行改寫的**。起點就是找到並修正自己的價值、重新發現自己的價值、重新定義。面對踐踏自己尊嚴的行為，首先要察覺到：「我可不是會忍受那種不講道理行為的人」，這就是起點。

・超級心理表現檢測表

為了讓自己的內心隨時積極向上，重要的是：

・分析現狀

・寫出問題

・能確切定義並想像出理想中的自己

這時，若想像很模糊就難以實現。

想像理想，並使之在潛意識中固定下來的表格就是「超級心理表現檢測表」。

【練習】「超級心理表現檢測表」

1. 在左邊寫下現在的狀況

左邊一一寫下現今有什麼問題？處於什麼狀態？包括「聲音・行動」「態度」「情緒」「思考模式・慣性的思考方式」「身體感覺・身體慣於採取的姿勢」「結果・效果」等。

2. 在右邊寫下想做出什麼樣的變化？以及理想自我的未來與目標。

3. 重點

(1) 要用肯定式書寫，不要用否定式。

潛意識與大腦無法理解否定式句型。例如若是寫下了「希望不要緊張」，就會表現出「緊張」。

(2) 具體書寫。

透過具體書寫，大腦就能理解該怎麼做比較好，也會成為行動的推進力。

（例）舒暢地呼吸↓充分地花上十秒來吐氣

(3) 用現在式、現在進行式來表現。

潛意識沒有時間的概念。經常會把一切當成現在的事情。

（例）受到上司信賴，對方帶著笑把工作交托給了我。

主題（例） ▶ **將上司帶有攻擊性語氣的話語聽過就算，能將恐怖支配的關係改善成對等的關係**

	現狀・課題・問題點 **寫出有什麼問題**	**變化後的目的或目標。** **想怎麼變、想變成怎樣，** **寫下期望的狀態。** ①要用肯定式書寫，不要用否定式 ②具體書寫 ③用現在式、現在進行式書寫
聲音 **行動** **態度**	・沉悶的聲音 ・雙腳動來動去，坐立不安 ・臉部僵硬無表情	・宏亮的嗓音。用一次就能讓人聽到的大聲量說話 ・能看著對方左眼瞳孔的光 ・被反覆問同一件事也能用沉著穩定的聲音回答 ・能說出「我再說一次喔」 ・慢條斯理地說話 ・伸直背脊 ・面帶微笑地說話 ・反覆緩慢呼吸
情緒	緊張、不安、恐懼、焦慮	安心感、信賴感、沉著、自信、開朗、開心、感恩
思考模式 **慣性的思考方式**	・因為過去經歷過幾次失敗，於是擔心是否會再次失敗？ ・會不會遭人嘲笑？ ・大腦一片空白、焦急	・確信一切會順利 ・面對突如其來的意外，或是意想不到的提問時，都能冷靜應對 ・就算被遷怒，也能以平穩的語氣再次詢問問題點
身體感覺 **身體收到的訊號**	・感覺喉嚨緊縮 ・口中乾燥 ・雙腳顫抖 ・心窩附近痛	・大腦清晰舒暢 ・內心踏實 ・開嗓，能輕鬆發出聲音 ・鎖骨上揚、肩胛骨往下的感覺 ・有口角上揚、眼睛帶笑的感覺
結果 **效果** **得到的東西** **失去的東西**	・對方又對自己說了難聽話時 ・評價下滑 ・恐懼增加 ・辭職	・消除之前感受到的恐懼 ・在工作上能拿出成果並獲得信賴、被交付工作 ・受到下屬或後輩的尊敬

主題		
	現狀・課題・問題點 **寫出有什麼問題**	**變化後的目的或目標。** **想怎麼變、想變成怎樣，** **寫下期望的狀態。** ①要用肯定式書寫，不要用否定式 ②具體書寫 ③用現在式、現在進行式書寫
聲音 **行動** **態度**		
情緒		
思考模式 **慣性的思考方式**		
身體感覺 **身體收到的訊號**		
結果 **效果** **得到的東西** **失去的東西**		

2 改變內心的聲音，與過去對決，消除不安

不安是奪去你生存能量與冷靜判斷力的元兇。

話說回來，若沒有感受到不安，就能對攻擊自己的對象毫不在意。

之前有提過，對攻擊自己的人心懷不安，對方就會敏感地察覺到你的那分不安而攻擊你。

該怎麼做才能消除這種「不安的氣質」呢？

那就是在不安的時候，**改變在自己心中響起的聲音**。

我將之命名為「小夫的聲音」。

也就是將聲音轉變成出現在《哆啦A夢》中的角色小夫的聲音。

・只要改變在心中響起的自己的聲音，就能消除不安

自己最常聽見的人聲，其實是「自己的聲音」。

「今天又被攻擊了該怎麼辦？要小心不被攻擊。」

「課長從對面走來了。應該又會對我說些討人厭的話吧，好可怕。」

我們在心中會不斷重複進行著對自己提問、回答的對話。

於是，不安以及恐懼的情感就會變得更強烈。最後這樣的情況就會表現在態度以及言行舉止上，給了對方進行攻擊的契機。

也就是說，**引起不安的，是浮現在心中的你的聲音**。

也許你會說：「就算這麼說，但因為自己的聲音就是會自動地浮現在腦海，所以這也是沒辦法的。」

你在心中發出的聲音就宛如現在的這個獨白。你是否因為浮現出了這種獨白，而感到不安或煩躁呢？

你應該能理解到「心聲」正「支配著你的心」。

因此，希望大家能注意到，**改變了「心聲」，就能消除不安或是減輕不安**。

・人們為什麼會相信自己聲音發出的內容呢？

答案很簡單。因為那是自己的聲音。

不論好壞，全都是自己的聲音，正因為是這樣才相信。

那麼若那聲音是小夫的聲音時情況會如何呢？

想像一下不會影響你內心的角色聲音。

小時候看《哆啦A夢》漫畫時，我很討厭小夫這個角色。

他很狡猾、有錢又驕傲，經常跟在胖虎身邊，說的話無法信賴（雖然在電影中出場的小夫與胖虎都是很好的人，我很喜歡）。

如果你喜歡小夫，也可以選用其他的角色。

【練習】加工內心的聲音「小夫的聲音」練習

感受到不安時，請將你腦中浮現的獨白寫成文章。

「昨天的簽約不太順利，得去跟主管報告。一定又會被絮絮叨叨地說些難聽話吧。要是我什麼都回答不出來該怎麼辦？」

「太糟糕了，反正我說什麼都不會獲得認可，只會被挑話柄罷了。」

請先試著寫出十句會讓自己心情低落的獨白。

然後在那個「心聲」上進行加工。

與聽到用自己聲音唸出的獨白相比，若是聽到了小夫的聲音，是不是就不會感受到那麼強烈的不安了呢？

請試著在每次冒出不安、恐懼、緊張等負面情緒時就進行這項練習。

這樣就能擺脫一聽到自己聲音就會自動感到不安的負面迴圈。

・與過去對決，惡言惡語將不再可怕

接著希望各位寫出到目前為止的人生中所聽過的批判、惡言惡語以及令人不快的言行。

被人說過的否定話語；被對方否決的事；當面說你做錯了的事；遭受到對方誤解的事；上司對你說的話；公司的同事或前輩、後輩跟你說的話；親朋好友對你說的話；雙親或學校老師跟你說的話；喜歡的人或戀人對你說的話。

發生在自己周遭的背叛以及有人在你背後說壞話、批判及誤解、被霸凌及無視的經驗等這些時候人們對你說的話。

從漫不經心聽過的話語，到總是縈繞心間的話語，那些內容與沉重感應該各有不同吧。

試著寫出這些內容吧。

有一個要注意的地方，就是書寫時不要清楚回想起當時的樣子，因為那會有讓當時心靈所受的傷更為惡化的危險性。

【練習】與過去對決的「電影螢幕」練習

● 想像法……想像電影的螢幕

你前來電影院觀看黑白無聲的電影。

坐到位置上、布幕升起後，螢幕上放映出了攻擊你的人和你的影像。對方似乎對你說了什麼帶攻擊性的字眼。

因為是默片，所以沒有聲音，只有在畫面下方顯示出字幕來。

而你對字幕上的話語出現了某些反應。或許是直接地做出某些柔弱的回應。請將那些話語化做字幕。

或許是「那、那個，不好意思」，也或許是沉默著什麼都說不出口。這時候就會是「……」。

如果有些人是比起字幕更容易用漫畫的對話框來做想像，那也可以。

1. 試著寫出對方的攻擊話語。

2. 寫出回應的話語。
   要寫出這些話語，可以試著寫出當時沒能回嘴的話，或是憋在心裡的話。

3. 試著發出聲來。
   實際練習將這些想回嘴的話說出口。
   聲音可以稍微大些。

只要沒有療癒當時沒能回嘴而覺得不甘心的情緒，每當陷入到相同危機的狀況中，喉嚨與舌頭就會緊張地發不出聲來。

4. 小夫的聲音VS你

最後再一次回到最初架空的電影院中。

這次不是黑白默片，而是請直接幫黑白電影的台詞加上聲音。

將攻擊方的聲音換成「小夫的聲音」，然後請試著讓對方說些惡言惡語。

此時，你恐怖的情緒應該會大為減輕才是。

然後你就可以清楚地對對方說完想說的話。

透過這個練習，你可以與過去對決，今後，即便在現實中發生了相同的情況，你也能想著「啊～是這種情況啊」而冷靜以對。

3 從犧牲者、被害者的立場回歸到對等的立場

即便學會了回嘴的話語，只要持續處在「犧牲者」「被害者」的位置，就很難回嘴。

透過定義「說↓被說」的關係性，大腦會開始檢索過去做為「犧牲者」「被害者」而貯存下來的資料，並且將你被人說了什麼時的情緒與感覺重現於你的身體意識上。

「感覺喉嚨緊縮，很難發出聲音來」「心窩附近變僵硬，呼吸變淺，心跳加速」「重心上提，無法穩定站立，開始心神不寧」各位是否有過如上的經驗？

若維持著像這樣的身體感覺，即便想把在本書中學到的話語說出口，也什麼都說不出口，只能沿襲一直以來的模式。

【練習】回歸到對等立場的「靈魂出竅」練習

被人說了不中聽的話、被人說了刺耳的話、感覺到被攻擊時，就養成習慣將話語變換成以下這樣的形式吧。

（例）

① 上司說你：「工作進度很慢呢，還沒好嗎？要快點喔。」覺得被指謫自己的工作進度緩慢。聽到這些話，我受傷了。

↓

② 無法出人頭地的四十歲中年男性對我說出了「工作進度很慢呢，還沒好嗎？要快點喔」這句話。

針對這句話，我禮貌地告訴對方：「是的。似乎還需要點時間。我會努力以盡快完成。感謝您的費心。」

試著看一下①的文章，應該會發現有很多字詞（加上橫線的字詞）將你給拖進了犧牲者的立場。

針對此，看過②的例文後，是否就不太會感覺到加害者與被害者的關係性了呢？

重點在於要澈底用自己的角度來看事物。

用靈魂出竅的視角，試著從空中以第三者的角度來觀察、抽象化兩人的對話。

若是受到了攻擊，不禁就會因為①的思考與話語來認識眼前所發生的事。形成對方攻擊了自己、我受到了攻擊這樣的劇情展開。

若上司跟你說了討厭的話語，就容易很自動地覺得自己被對方攻擊了、被說了刺耳的話。可是其實，這不過是在潛意識中，將對方認定為絕對會說這種討厭話語的人，於是就引起了如自己所想的現實罷了。

若這樣的想法過於強烈，就會覺得反正不論如何回應對方也聽不懂、反正對方也不會理解自己提出的意見。

而這樣的想法會很快地傳達給對方。

「好、好，你覺得我無法了解是嗎？那我就不用有任何顧慮地盡情攻擊了！」對方就會接受你的想法，不會停止攻擊。

若情況變成這樣，你就會為了將自己正當化而來回兜圈子地想：「對方果然沒辦法理解自己。我的預感成真了。」

攻擊你的人也同樣是人。身而為人的價值應該是對等的。

針對被人說了什麼而感到不愉快這件事，你可以表示拒絕。若是想回嘴，也可以回嘴。

透過回嘴你會提高對自己的信賴度，同時若對對方說出了想說的話，而對方也能理解，就也能提高對對方的信賴度。

在重複這麼做的過程中，你周遭將不會出現敵人。

4 不要一個人心懷煩惱，也可以去依賴他人

為了不遭受攻擊，就必須學會守護自己的技巧。

可是重要的是，不要什麼事都一個人努力過頭。事先找出在日常生活中能成為友軍的人，以及能聽你說話的人吧。

我在感到辛苦的時候也會希望找個能商量的人去和他說說話。

以前，我曾強烈認為：「因為已經是成熟大人了，一切就都要靠自己解決、完成不可！」所以總是充滿著孤獨感與自我否定感。

可是因為有人聽自己說話、有人能說出自己的想法並與自己有所共鳴，在心情上就會感到非常輕鬆。

就我的情況來說，我會去找從高中時期就會去的針灸師傅或諮商師諮詢，或是找創業家的同伴說說話。

透過與不同立場的人說話，就能接觸到各種不同的價值觀。

若可能，就事先找到多個對象或打造多個能輕鬆說出想說的話的場所。

透過擁有多個選項，心情會更感輕鬆。

我會一邊想起過去曾幫助過我的人、曾商量過的人的臉，然後一一將那些人的名字寫入列表中。也會一併寫出從他們那裡獲得的建議，以及那個時候他們跟我說的、我的優點與要改善之處等。

我會一邊回想著那時候他們用什麼表情、聲音來跟我說話，以及自己有著什麼樣的情緒，又從中學習到了什麼，一邊寫下來。

若是電子郵件或信件，我就會拍下照片好做回顧。

結果，我察覺到自己的想法僵化了，這樣的察覺讓我本來只從單一面向去看事物變得能從多面向去觀看，並解決了問題。

【練習】不要一個人心懷煩惱的「統整回饋」練習

試著寫出從工作上的相關人士（上司、同事、夥伴等其他人）、私生活中的相關人士（朋友、家人、夥伴、親戚，以及其他有關連的人）那裡獲得的建議或自己的優點。

一邊想著收到對方訊息時的情感，以及當時他們是怎樣的表情與聲音，一邊寫下來。

以下的例文是來自於我的事例。若能做為各位的參考，我很是榮幸。

（例）收到上司的訊息

□狀況

因為自己的失誤，導致發生了系統的故障。與上司一起去和相關人士陪禮道歉。

□表情・聲音

雖然一開始上司用嚴厲又苛刻的語氣責罵了自己，但之後則用溫暖的聲音一直鼓勵我：「沒關係、沒關係，要道多少次歉我都跟你一起。」並一同去到相關人士那裡陪禮謝罪。

□訊息

「這次的失誤就是單純的失誤。希望你能對此進行反省。不過若按照現在這樣的操作順序，有可能會引起同樣的問題。能發現到改善點真是太好了。最重要的是，在大腦陷入混亂時，你沒有逃跑而是做出了應對，真的很感謝你。換成是我，早逃跑了！辛苦你了！」

□從那次經驗中學到的事

當時因為後悔與反省而使得大腦陷入混亂，但託在一旁鼓勵我的上司之福，幾乎沒造成什麼損害就了事。不逃跑、真摯地去面對問題很重要。上司因為看到了我這種態度才會慰勞我。

我學習到，陷入混亂時，要做出在當下能做到最大限度的事，以及擬定對策以不重蹈覆轍。

結語

Epilogue

謝謝各位閱讀到最後。

許多拿起本書的人應該都是不喜歡與人在口頭上爭勝、議論型的人吧。

我自己也是很不擅長與人在口頭上爭勝或是表明自己意見、感受的類型，想盡可能不引起糾紛地安穩度日。

因為我自己是這樣的，即便是有人對我說了什麼很讓人火大的話，我也會想著只要忍耐就好，會完全不做出回應地讓那個當下過去。

不過，有些人明顯會帶著惡意說話，也有人是明明錯不在我，卻大聲地把責任推卸給我，這時候我也會很不甘心、很生氣，甚至在半夜醒來時，在筆記本上胡亂地寫下咒罵對方的話語。

我也曾經在走路時腦中突然不可抑制地不斷浮現出對方的話語，使得我感到很不舒服而衝去廁所。

我在思考無法回嘴的原因時，發現根本的原因出在自我否定感。

自己經常會責備自己：「因為你沒有做好才會這樣。」

有段時期我也期望能被對方無視、能保持距離讓事態好轉。

可是換了地方後，又會重複發生同樣的事情，我仍持續遭受到攻擊。

在煩惱痛苦中，我得出了一個結論，那就是，自己內心中似乎欠缺了什麼，只要沒獲得那個東西，就無法從根本上解決問題。

而那個東西的真面目就是「堅強」。

人類社會有著比我們所想更為殘酷的一面。

能在其中存活下來的，多少都需要些「堅強」。也就是「強大」。

本書中展示了學會「強大」的順序，讓你即便內心始終柔弱，也能獲得期望的未來。

「撲克聲&說話法」等方法讓你即便保持著原本溫柔的內心，也能輕鬆使用。

最後，我最想告訴大家的是，不論發生什麼，你都用不著認為是自己的錯。

你的強大就在於，正因為一直遭受到攻擊，所以能了解人們的痛楚、知道自己的弱點，能面對並克服這些事。

我不希望誠實、認真又內心善良的人受到傷害，不希望各位自責。

因為心懷如此強烈的想法我才寫了本書。

書寫本書的過程中受到了編輯若川先生極大的照顧，非常感謝他。讓我們再一起出版有趣的書吧。

若能透過本書讓各位讀者的煩惱或壓力有稍微減輕些，那將讓我倍感欣慰。

誠摯感謝各位。

司 拓也

Thank you!

送給閱讀本書的各位

滿懷感謝的「贈禮」介紹

送給閱讀本書的各位～本人司拓也
滿懷感謝的心意準備了這分贈禮。
請務必活用。

贈禮內容（全日文）

1 本書未收錄的祕密原稿PDF
為無法想出回嘴話語的人所寫的
「回嘴話語範本」

2 能更具體使用本書中所介紹方法的
影片練習

3 跟司拓也直接學習本書內容！
「讀書會參加權」 有限定期間的特典

Check!! 請從這裡申請(QR code)

URL https://tsukasataku.com/lp/tokuten-pal-pub/

※特典的發布會不經預告而結束，特此事先告知。
※PDF影片只發布在網路上，特此事先告知。
※這個贈禮企畫是司拓也進行的。
關於贈禮企畫的詢問請來信「tsukasamail1@gmail.com」

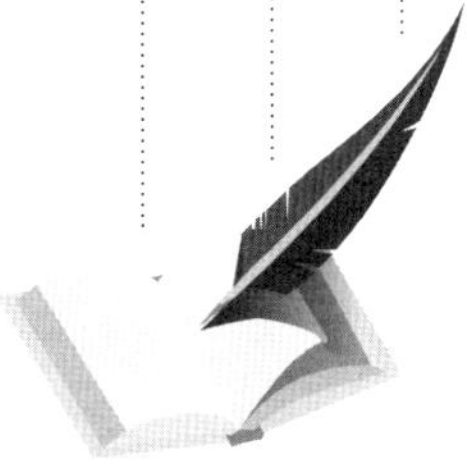

拒當軟柿子!專治職場討厭鬼的高情商回話術/
司拓也作；楊鈺儀譯. -- 初版. -- 新北市：世潮出
版有限公司, 2024.10
面； 公分. -- (暢銷精選；91)
ISBN 978-986-259-100-0(平裝)

1.CST: 溝通技巧 2.CST: 說話藝術 3.CST: 傳播
心理學

177.1 113010974

暢銷精選91

拒當軟柿子！
專治職場討厭鬼的高情商回話術

作　　者／司拓也
譯　　者／楊鈺儀
總　　編／簡玉芬
編　　輯／陳怡君
封面設計／林芷伊
出 版 者／世潮出版有限公司
地　　址／(231)新北市新店區民生路19號5樓
電　　話／(02)2218-3277
傳　　真／(02)2218-3239（訂書專線）
劃撥帳號／17528093
戶　　名／世潮出版有限公司　單次郵購總金額未滿500元（含），請加80元掛號費
世茂官網／www.coolbooks.com.tw
排版製版／辰皓國際出版製作有限公司
印　　刷／世和彩色印刷股份有限公司
初版一刷／2024年10月

ＩＳＢＮ／978-986-259-100-0
ＥＩＳＢＮ／9789862590980（PDF）／9789862590997（EPUB）
定　　價／360元

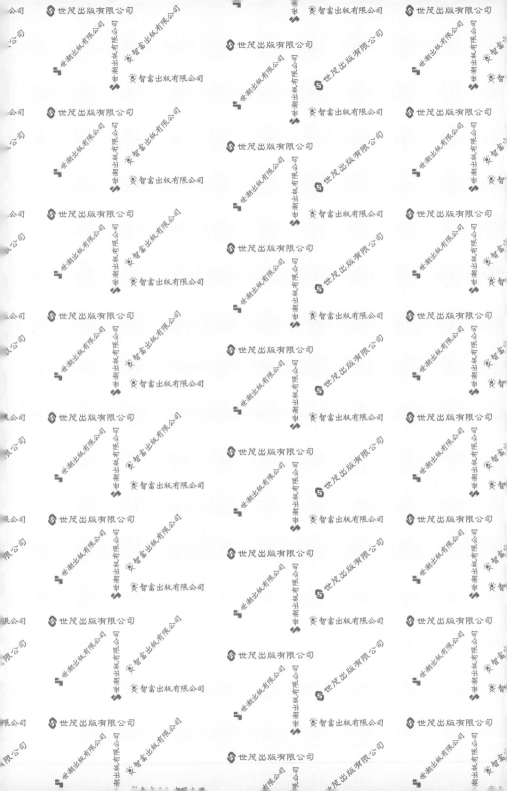